裏鳥海の「奇蹟」

ダムに沈みゆく山郷の履歴

飯田　辰彦 著

みやざき文庫126

《地の果てのようなこの村から一人の女性が《お国自慢》の原稿を送った。ランプの明かりで筆を執ったに違いない。そして見事に入選した。氏名年齢は書いてない。ただ「羽後矢島・百宅の女」としてあるだけだ。入選作は「山柴水明」と題してある。百宅の女が自分で付けたものだろう。

「私達は唯今日を喜ぶもので御座います。唯何不足なく活きて、生と言うものの充実を味わうようにして呉れたこの里の自然が誇りでございます。鳥海山の瑠璃色の勝った青きが上に、白雪と白百合が銀のように光って居ります。子吉川の流れはサラサーテのメロディーよりも柔らかに響いて近くには瀑布もあり、断崖もある。

ホヽ、お恥かしながら朝夕この岩窟を見ては『死の勝利』のイポリタを思い、印象の鋭いターナーの絵を思います。鴈治郎や呂昇を得て芸術の発達だと思うお方に、一寸四方の空気でも好いから贈物にしたいのですよ。どなたでもお出で遊ばせ、そうすれば村はずれまで色の白い方の妹を迎えに上げます。」

この珠玉の短篇には思想がある。伏目がち人生観ものぞいている。そして「色の白い方の妹……」と結んで、ほのかな色気さえにおわす。「百宅の女」は美しい。内に潜む薫り高い教養が、容姿ににじみ出ている人は美しい。》

（本文二三八－二三九頁参照）

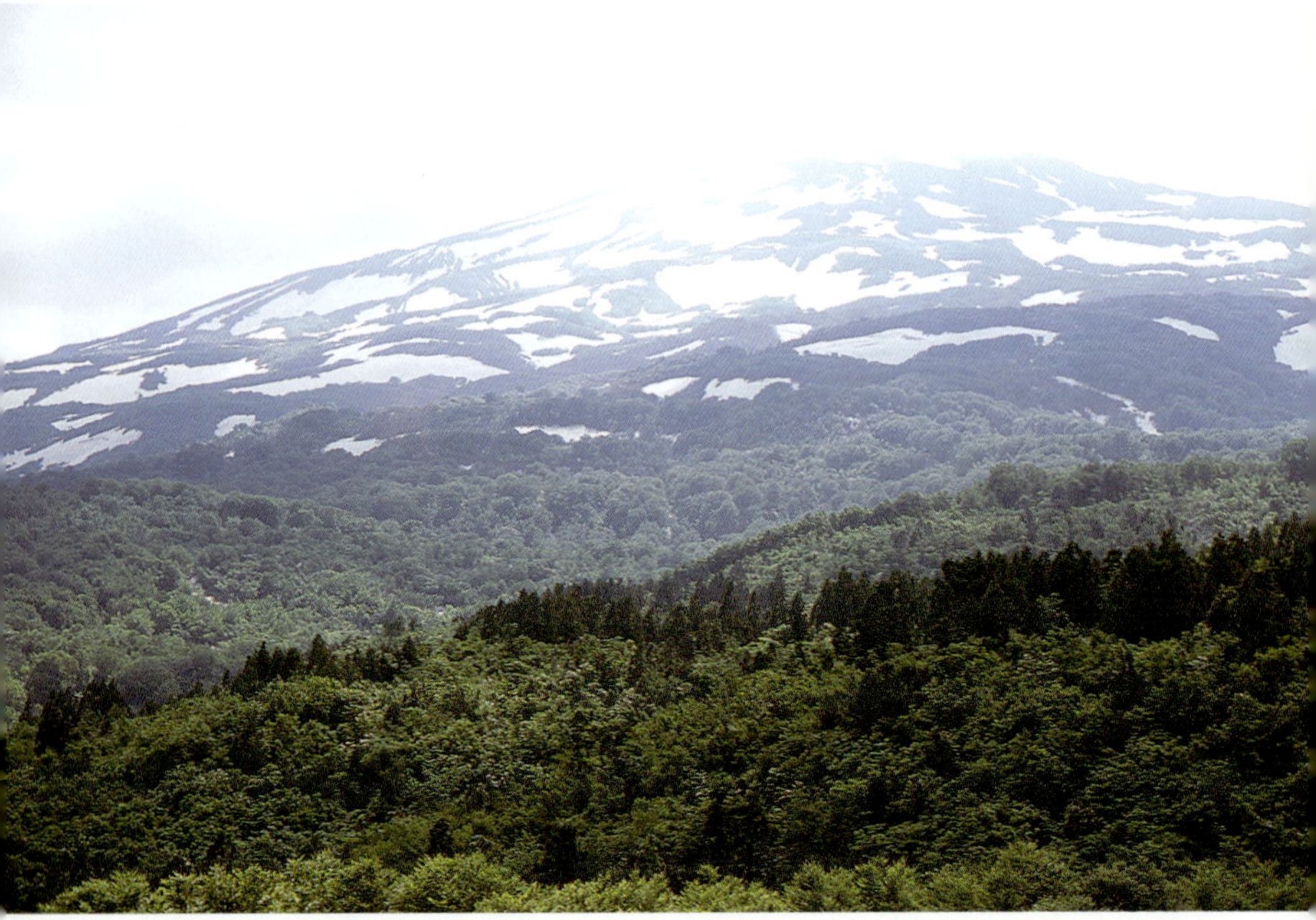

裏鳥海の春

裏鳥海の夏

裏鳥海の秋

太郎牧場

裏鳥海の冬

由利本庄市MAP

引用：国土地理院２万５千分の１

目次

第三章　大井五郎満安と由利十二頭の争乱　62

第四章　菅江真澄と泉光院それぞれの「由利の旅」　82

第五章　親の真情をうつす〝執子〟の風習　109

裏鳥海の「奇蹟」

ダムに沈みゆく山郷の履歴

第一章「柴笹村大師百宅と名付給ふ」

ダムの建設工事が動き出す

それは〝寝耳に水〟の情報だった。私は平成二十六年の暮れのとある日、久しぶりに秋田の由利本荘市からやってきた佐藤一太郎さんに電話で誘われ、東京・品川の飲み屋で会っていた。一太郎さんは二十年くらい前からちょくちょく取材でお世話になる市内鳥海町に住む著名な牛の繁殖農家で、そんなとき（取材）はいつも佐藤家を宿所代わりに使わせてもらっている。

鳥海町は、他の一市六町と合同で平成十七年に由利本荘市を成立させたが、合併前は東北日本海側の最後の清流で知られる子吉《こよし》川の上流・源流域を占める行政区として、孤塁を守っていた。日本海に面する山形県の遊佐《ゆざ》などからみると、鳥海山（二二三六メートル）を間に挟んでちょうど反対側、つまり裏鳥海にあたる位置関係にある。しかも、一太郎さん（佐藤家）が住む百宅《ももやけ》地区は、旧鳥海町でももっとも辺鄙かつ標高の高い鳥海山中腹にあり、漠然と海に面する由利本荘市の名前を語っても、話し相手には百宅のイメージは何も伝わらない。

それはさておき、最初の電話の様子から、〝折り入って〟というニュアンスを感じとった私は、とるものもとりあえず、一太郎さんが待つ品川の居酒屋にはせ参じた。しばらくぶりの挨拶もそこそこに、一太郎さんはいつものように少しも感情の起伏をみせることなく、穏やかに語りはじめた。

「とうとう百宅でも、この秋から測量がはじまったんだ。田圃や畑の至る所に、杭が立ちはじめてね。いつかはこうした日がくるとは思っていたけど、じっさいにはじまってみると、何か複雑な気がするのさ。飯田さんとは付き合いが長いから、ちょっと耳に入れておこうと思って……」

ここで一太郎さんが言う測量とは、（鳥海）ダムの本体工事に入る前の予備測量のことで、この先、いよいよ本体工事へと流れができてゆく、ということらしい。はじめて百宅をたずねたとき、「百宅にもダム（建設）の話はあったんだよ」と聞かされたことを、私は今更のように思い出していた。最初（の計画）は戦後間もなくの昭和二十年代はじめのころ、次が一太郎さんが十八歳（ちなみに一太郎さんは昭和二十三年生まれ）のころ、まだ当時は百宅でも盛んに米がつくられていた。そして平成の今回、というわけだ。平成五年にはダム調査事務所が開所し、七年にははじめて住民代表との話し合いがもたれた。民主党（現民進党）時代は村民の誰もがダムの〝ダ〟の字も口に出すことさえ忘れていたのに、ここにきて自民党が政権政党に返り咲いた途端に、ダムの話がにわかに復活したのである。

近づくダム工事

復活どころか、このまま進めば数年後（十数年後？）には間違いなくダムサイト（ダム建設用地）は立ちあがり、膨大な土地が水没する。その沈む土地が、過去にどんなぶ厚い歴史や多彩な文化を蔵したことがあったとしても、ダム建設にいったんゴーサインが出てしまえば、そんな過去の栄光など一顧だにされることはない。それがこの国のダム建設史であり、あえて敷衍《ふえん》していえばこの国の近・現代史なのである。

では、鳥海ダムが完成したと仮定したとき、旧鳥海町のどの場所が水没することになるのだろう。もともとサイト案には三案あったらしい。下流サイト案、中流サイト案、そして上流サイト案の三案だ。本格的なダム調査は、昭和四十五年に秋田県が開始し、同六十三年度に建設省が国の直轄事業として予備調査を引き継ぎ、平成五年四月に至って鳥海ダム調査事務所を本荘市（当時）に開設して、実施計画調査に着手したという経緯がある。つまり、地元民がこれまでに三回ダム建設の話がもち上がったというのは、戦後の一回目は別にして、県が四十五年に調査に着手したときが二回目、その後国（当時の建設省）に事業移管されてからを三回目と、名目上そう呼んでいるのだろう。

さて、サイト案にもどると、まず一番目の下流サイト案とは、百宅のひとつ下流に位置する猿倉《さるくら》集落と下《しも》百宅（百宅は上《かみ》百宅・下百宅からなる）のほぼ中間の谿《たに》にダムサイトを設けるプランで、貯水量があまり大きくならない代わりに、下百宅の水没面積も小さくて済む利点がある。次の中流サイト案は、下百宅のすぐ下手の谿にサイトを設ける案で、この場合、上百宅の集落（下百宅の上流に位置）をふくむ百宅のほぼ全戸・全地域が水没する。いずれにしても、ダムができて直接的な被害をこうむるのは百宅のみで、鳥海ダムといいつつ、旧鳥海町で割りを食うのは百宅集落だけというのも、どこか合点がいかないのである。

最後に残った上流サイト案は集落から外れた上流部につくろうとしたものだが、これはとってつけた計画だったようで、真剣に議論された形跡がない。鳥海ダム調査事務所がつくった資料には、以下のような記述がみえる。これからも、上流サイト案は最初から可能性が低かったことが、よくわかるのである。

> ダム計画地点には下流サイト案、中流サイト案、上流サイト案と三カ所のダムサイトを検討し、その結果、下流サイト案が有利との一応の結論を得、平成五年度からさらに詳しい実施計画調査を進めてきた。その後、水道水の需要の増大等が見込まれたため、法体の滝に影響を与えない貯水位の高さで、洪水機能を十分発揮できる中流サイトを新たなダムサイトとして有望視し、重点的に調査を進めている。（傍点筆者）

聡い読者でなくとも、〝水利〟に初歩的な興味がある子どもでさえあれば、「水道水の需要の増大等が見込まれた」の表現がとんだ眉唾であることぐらい、すぐに見破るに違いない。要は、国はなるべく金のかかる（つまり金がたくさんおちる）大きな（派手な）ダムをつくり、土建行政の凄まじさを住民に見せつけたいだけなのだ。その陰で、貴重で大切、けして無くしてはならないものをどれだけ永久に葬ってしまうかは、一顧だにされることはない。

私が少しホッとしたのは、ここ百宅でもダム建設に反対する住民運動がかつておこったことがある、と知ったときだ。それはまだ県の管轄であったころというから、二回目の調査のときのことだろう。古老たちの話では、当時、筵旗《むしろ》まで立てて建設反対の意思表示をしたというから、他の係争地と同様に（反対運動の）盛り上がりをみせたことがあったのである。その後は、集落の過疎（戸数の減少）と高齢化で、住民が反対運動に立ち上がることはもう二度となかった。こうした流れは、百宅だけに限定的にみられたわけではなく、全国の同じような境遇にあった土地土地はみな、右へ倣《なら》えのごとく、どこもかしこも権力の威圧の前に屈していったのだ。国には〝土地収用法〟という伝家の宝刀があるから、いくらがんばっても、最後にはいつも住民サイドが折れる構図になっているのである。

先のダム調査事務所発行の資料には、〈鳥海ダムに関する主な沿革〉として、昭和六十三年以降のダム建設に関わる時系列的経緯が箇条書きにまとめられている。参考として掲出しておきたい。

昭和六十三年四月　建設省直轄による予備調査開始

十月　「子吉川水系ダム建設促進期成同盟会」発足

平成五年四月　鳥海ダム調査事務所開所

五月　「子吉川水系ダム建設促進期成同盟会」を「鳥海ダム建設促進期成同盟会」に名

称変更

十月　町へ事業説明及び合同現地調査

平成六年四月　建設課にダム対策係を新設

五月　関係市町村（一市十町）と広域水道説明会

九月　下直根《ひたね》・猿倉地区にボーリング調査開始

平成七年四月　百宅地区ボーリング調査開始

七月　「鳥海ダム懇談会」発足（学識経験者・住民代表等）

平成八年二月　町へ事業説明

この資料は平成十二年ごろに作成されたものであり、平成八年以降のことは何も記されていない。やがて、同十七年三月には鳥海町をふくむ一市七町による由利本荘市への合併劇があり、その前後の期間はデフレや政権交代などの影響でダム問題はいったん棚上げにされていたというのが、実情であったのであろう。そんな状況であったものが急に動き出したので、特に百宅と直接関係のある人間ではないが、せっかく東京に出たことでもあり、弟分の私に測量開始の情報を耳に入れておこう、と一太郎さんは考えたに違いないのである。

〝ふる里〟の意味が変容した？

一方、一太郎さんからこの話を打ち明けられたとき、「やっぱり」「またか」「コイツら、本当に懲りないなあ」というのが、私の正直な感想だった。日本を除く世界の先進国では、すでに四半世紀も前からダムは壊す時代に入っているというのに、この土建国家はあと何百ダムをつくったら気が済むのだろうか。いっそのこと、全国の川と言わず田畑や宅地、またそれ以外の遊休地もいったんすべてコンクリートで埋め尽くし、その上で国の指針というものを考えたらどうだろう。こんなこと改めて口に出すまでもなく、すでにこの国は全土コンクリート化に限りなく近い状態に堕ちてはいるのだが……。

測量が本格化してきても、住民サイドには何の動きもみられないという。いちおう、鳥海ダム水没対策会というのが平成十八年に結成され、現在六十九歳である一太郎さんが村に残る男の中では若手ということで、同会の会長に選ばれている。さて最近、過疎で眠ったように静かな百宅集落で、ちょっとした珍現象がおきている。もともと八十戸近くあった百宅の人家は、鳥海町中心部や本荘への移住で、二十戸近くにまで戸数を減らしてきた。

「それが、最近になって急にふえ出してきたからビックリ。釘で表戸を打ちつけて出ていった人たちが、ひとり、またひとりと、百宅にもどってきているんだよ。何十年も竈《かまど》から煙がのぼらなかった家に、久しぶりに煙が立ちのぼっている。補償金のことが気になるんだろうね」

私は最初、一太郎さんが何を言おうとしているのか、よく理解できなかった。どうやら、立ち退きによる補償金をもらうためには、そこ（百宅）に今住んでいるという既成事実が必要だそうで、ために町（たとえば息子の家）に出た老人たちが不自由を承知でふる里にもどってきているらしいのだ。これを涙ぐましい話ととるべきか、また、かつてじっさいに幟旗揺れる係争地を何箇所か取材してきた身にとっては、こうした時代の変わり様《よう》に、どこかついていけない気がしないでもない。

今や〝ふる里〟の意味が大きく変容したのである。

太郎牧場と一太郎さん

太郎牧場遠景

品川の飲み屋で一太郎さんの報告を聞きながら、私はこのまま百宅が水底に沈むのを傍観することはできないな、とひとり得心していた。だからといって、私には正面から権力の非をあげつらう気など、さらさらない。この歳になったら、無駄なことはしないほうがいい、と疾《と》うにさとっている。そうではなく、これから何年か後に確実に国の手によって沈められる〝ふる里〟（百宅）が、歴史・文化・民俗・信仰・自然などあらゆる面からみて、いかに途轍もなく魅力的で、凄い山里であったかを書き残しておきたいと、ただ無性に思っただけなのだ。ダムが完成し、湛水《たんすい》が完了してしまったら、もう二度とふる里はもどってこないから……。

そうなる前に、拙著のこれまでの読者と心ある日本人に、私はこんなステキな村が秋田県の南端、鳥海山麓に本当に実在したことを、お伝えしたいだけなのである。もちろん、私と佐藤家との関係がなかったら、こうした本は最初からできるはずもなかった。その意味で、二十年ほど前の私と一太郎さんとの出遭いは、まさに運命以外の何ものでもなかった。だから、前置きが長くなる前に、私はさっそく麗しい百宅の物語に入ってゆきたいと思う。予め断っておくが、読者諸兄が拙著を読了して、「百宅をダムに沈めるな！」と叫んでも、残念ながら〝時すでに遅し〟であることは、ご理解願いたい。

百宅の物語をスタートさせるにあたり、いま一度鳥海（旧鳥海町／以後鳥海（町）というときはすべて旧鳥海町を指す）と百宅の地勢を正確にとらえなおしておきたい。まず、鳥海町が秋田県の南端に位置することは書いた。東側は雄勝《おがち》郡羽後町と雄勝町に、西は矢島町（現由利本荘市）と山形県遊佐町に、南は同山形県真室川町と八幡町に、そして北も矢島町に接している。国道一〇八号が町域の北から南東に向けて町を斜めに貫通しており、その基点ともいえる川内《かわうち》地区（伏見）に役場があった（現鳥海総合支所）。

当町は鳥海山の麓に位置している関係上、西に高く北に低い地形をしており、北端の下川内を三角形の頂点とし、鳥海山八合目の七ッ釜付近を西南端として、笹子《じねご》地区の甑峠《こしき》、大仙山付近を東南端とするほぼ不等辺三角形を形づくっている。それは、北向きの斜面が笹子川・子吉川の二つの河流によって浸蝕されてできた幾段もの丘陵台地の地形（段丘状地勢）からなっていることを意味する。

ポイントになる山から俯瞰すると、まず南側には大仙山（九二〇メートル）、甑山（九八一メートル）、大森山（一〇七七メートル）、萱森（一〇七〇メートル）など一〇〇〇メートル前後の高峰が屏風のように立ち並び、山形県と境を接している。また、兜山《かぶと》（九二五メートル）から丁岳《ひのと》（一一四五メートル）、甑山を経て雄勝郡に至る山系は、秋田県と山形県とを分け隔てているだけでなく、同時に子吉川水系と最上川水系の分水嶺ともなっている。

東側は八塩山（七一三メートル）から大仙山に向けて南走する山並と、子吉川と石沢川の分水嶺をなす八塩山系が連なっている。一方、西側には鳥海山から長く尾を引く麓の高原地帯がなだらかにいくつもの台地を形成し、そこには雄大な牧草地がひらけ、乳牛の群れが泰然と若草を食んでいる。特に、猿倉温泉の裏手高台には市営の奥山放牧場があり、日がな牛との対面を楽しむことが可能だ。

せっかくだから、河川からも鳥海町の地勢を概括しておきたい。もちろん、主役は子吉川だが、

川底まで澄みきった子吉川

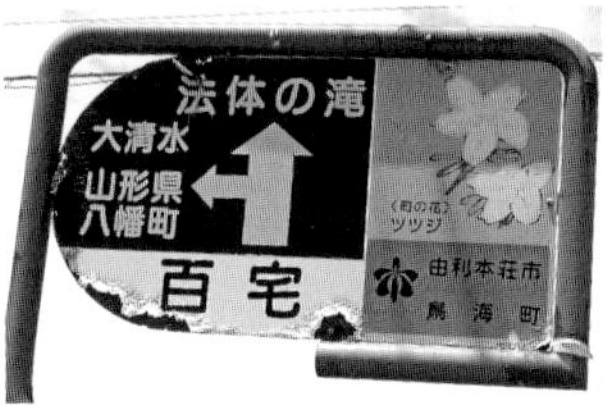

百宅標識

三段60メートルの壮大な法体の滝

本荘市内（現由利本荘市）から一〇八号に沿うように鳥海に遡上してくる子吉川は、町北端の下川内で支流の笹子《じねご》川を東（じっさいには東南方向）に分け、この笹子川が国道一〇八号に沿って上流へと向かい、上笹子で丁《ひのと》川と甑川とに分流する。一方、本流の子吉川は下川内で笹子川を分けたあと、鳥海総合支所のある伏見、オノ神、下直根、猿倉といった主要集落をなめるように遡り、やがて下百宅へと至り、集落外れで法体《ほったい》の滝を望む地点に到達する。

法体の滝は百宅のみならず、鳥海住民すべての自慢の名勝で、落差六十メートルに近い壮大な滝は三段に分かれていて、特にいちばん下の三の滝はとりわけ雄大な落差と滝幅を有し、滝下に広がる滝壺の広さも尋常ではない。滝はまた、修験道（後述）が盛んな時代には験者たちの修行の場であるとともに、滝近辺には弘法大師巡錫《じゅんしゃく》にちなむ衣千岩、洞窟などの名跡もある。細かくなるが、子吉川はこの法体の滝の下手で、滝を支流のゲートとする上玉田川と、近年できた滝と猿倉とを結ぶ観光道路沿いに鳥海山の御田原・黒森からの水流を集める下玉田川のふたつの源流に分かれる。

展望台からの眺め

上玉田川側では法体の滝の上手がすぐに紅葉の名所の玉田渓谷となり、川の水源の役割をする遠上山や百宅大森などの美しい森が東西に連なり、その幽邃《ゆうすい》な〝山の気〟に心の奥底まで洗われる気分に浸ることができる。筆者のカメラ（グラビア頁写真）でも、あるていどその片鱗は想像していただけると思う。玉田渓谷の終点でさらに東に流れを分ける赤沢川にそって、ひたすらなだらかな林道を西進すれば、途中、鳥海山の東の登山口である大清水登山口（キャンプ場・ロッジがある）を経て県境の鍋倉峠に至れば、南側はもう山形県の遊佐町である。

一方、下玉田川沿いにのぼってゆく観光道路は道幅も広く、かつ鳥海山の展望から片時も見放されることがないため、鳥海の山容と手つかずの自然をじっくり楽しみたい高齢者にはもってこいのルートだ。猿倉寄りのルート上に三六〇度の眺望がきく展望所があり、鳥海山と山麓撮影のベストアングルを提供してくれる。同時に、裏鳥海のドライブコースであるため、初夏にはまだ沿道のそこここに残雪があり、ネイチャーフォトのファンを喜ばせている。

狩猟と開拓農耕が目的

秋田県の南端にある鳥海町と百宅のロケーションが頭に入ったところで、次に大まかな歴史を解説し、そこから豊饒で楽しい百宅の各論に移ってゆきたい。前置きとして、読者の中には（というよりほとんどの読者は）歴史は科学的事実に基づくものしか認めない、だから伝説や民間伝承の類いは受けつけない、というスタンスの人が多い。だが、過去の歴史はどこまでが事実かというと、誰も正確に調べることはできない。だから私は、時の権力者（の都合）に沿った歴史は正史にはほど遠く、むしろ伝説や民間伝承の中に真実が多く眠っているはず、とする立場をとる。その意味で、最近、全国の市町村で発刊される新しい市史・町史・村史では、やたらと科学や事実を振りかざすものが多く見られ、筆者などはそれこそ時代に逆行している態度ではないかと、不安にかられることがふえている。

その点、私が今回の取材で資料上もっとも頼りにした昭和六十年十一月一日発行の『鳥海町史』は、史実の科学的検証が十分に行き届いた上で、民間伝承や地元の伝説にも丁寧に気配りし、見事

弘法平

弘法穴

な構成と完成度の高さを実現している。しかし、私がもっとも評価したいのは、こうした類いの資料は得てして私見や私情を極力排除した、単刀直入に言ってしまえば、味もそっけもない数字と言葉の羅列に終始したつまらない公式文書に落ち着きがちだが、この『鳥海町史』は違った。読んで本当に楽しく、ワクワクする本なのである。すべてのページとは言わないが、はっきりと著者（テーマ担当者）の顔の見えるページがある。『鳥海町史』は資料としてはむろん、読み物（文学?）としても成功していると言わねばならない。

それはさておき、百宅の村の草創伝説が何とも面白い。百宅はもともと平家の落人伝説で知られる土地だが、じっさいの開創はもっとずっと古い。古老たちの口からまっ先に出てくるのはやはり弘法大師（空海）の名前で、彼らの話を総合すると、だいたい次のような草創伝説となる。

その昔、大師が御巡錫でこの地にやってきたとき、下百宅の子吉川河畔でひとりの翁に出会う。大師はその翁に「この村に家が何戸あるか」と問われ、「ここは百戸あっても生活してゆけるだけの余裕のある村である」と答えられたという。大師は翁と話された場所を翁畑と名付け、それまで柴笹村と呼んでいたこの村を、以後百宅と呼ぶように命じた。当時、百宅にはすでに家が六戸あったらしい。

大師はさらに百宅川（子吉川の支流）にそって上流にゆくと、「お前は若いから」と川鱒を背負うのを手伝わされたことから、そのあたり一帯を〝空川〟（天井川）にしてしまったという。さらに上流に遡って行き着いた高台を、〝高野台〟と名付けた。

これはあくまで民間伝承だが、『鳥海町史』は百宅の開創に関連して興味津々の資料を本篇の中で紹介している。宝暦六年（一七五六）に書かれた「御領分覚書」は羽州矢島藩（百宅が属した）の高柳安左衛門（身分は不詳）が、藩主の名代として領内を巡視するとき、金子・小助川両国家老がこれに同行し、そのときの参考として、郡《こおり》奉行に命じて郷内の状況を委細に書き認めさせた文書である。その中に、百宅村についての貴重な記述がみえるのだ。

一、柴笹村大師百宅と名付給ふ。開基は養老元年（七一七）と聞給ふ。大凡千年におよぶ。右開

発古人八人有。美濃其子治郎兵衛。尾張其子三助。内匠其子太兵衛。讃岐其子新三郎。周防其子与右衛門。丹後其子彦十郎。越中其子源右衛門。伊勢其子久治郎。右八人也。

巡錫で弘法大師がきた点、また元の村名が柴笹村であることも共通しているが、民間伝承では村の戸数が六戸のところ、江戸時代の公的文書には村をおこした八名の開拓者の具体名まで挙げられている。このパートの担当筆者は、この記述について、以下のような補足をしている。重要なところなので、これもそのまま引用する。

美濃・尾張・讃岐・周防・丹後・越中・伊勢の国名に加えて飛騨系の内匠《たくみ》の名まである。百宅は標高約四〇〇メートルの山村で、平家の落人伝説のある村落である。今も「丹後沢」などの地名まで遺されてある。また梶原源左衛門家は百宅の名主職を勤めた家であるが、伝えには、もと越中国の住とある。佐藤貞雄家に、最近まで備前佐藤吉宗之丞から、佐藤の姓を名のる允可《いんか》状が保存されてあったとも伝えられてある。この点から、あるいは当時の中央との間に一筋の関連があるものとも考えられよう。また、昔百宅に薩摩、上直根の川熊に遠江という長者がいて、親しく往復したことも御領分覚書に書かれてありその時の道筋が今も遺っているという。

ほかにも、中村（大字笹子）の菅野敬一家文書に「先祖聞書古人付」という文書があり、その内容は以下のようなもの。

一、下ノ宮びぜん（備前）子孫高橋市右衛門――
一、むぐら沢三川（三河）子孫村上六助――
一、中屋敷ゆきへ子孫助五郎後古人
一、天神ニいなば（因幡）子孫菅原市助――
一、中村に孫左衛門子そん久四郎後古人
一、中村助右衛門子そん村上善五郎後古人
一、中村いつミ（和泉）子孫弥右衛門――
一、宮地いつミ（和泉）子孫勘之丞後古人
一、宮地若狭子孫菅野与左衛門（若狭）
一、しっかり長之助子孫なし後古人
一、本屋敷びぜん（備前）子孫今野仁左衛門――
一、おぬいがた越中子孫長蔵（越中）――
一、長畑いつミ（和泉）子孫高橋嘉兵衛――
一、せめ修理子孫助左衛門

また、同家の別の文書にも次のような記述がある。併せて紹介する。

一、下ノ宮びぜん（備前）子孫高橋市右衛門――
一、下馬場ちくぜん（筑前）子孫佐藤四郎左衛門――
一、笹畑伊勢子孫佐藤茂左衛門（伊勢）――
一、西のかつさ（上総）子孫鈴木与助――
一、あくとうすおう（周防）子孫大友勘助――
一、上谷地おうみ（近江）子孫佐藤仲左衛門――
一、杉沢やまとう（大和）子孫与重郎――
一、椿えちぜん（越前）子孫土井重右衛門――
一、上せきたじま（但馬）子孫吉兵衛――
一、本屋敷丹後子孫高橋嘉市（丹後）――
一、ねぬいかた越中子孫長蔵（越中）――

この古文書に対して、『町史』の担当者は、「菅野家の文書は『先祖聞書古人付』だけに、多分古くから村に伝えられてあることを、そのまま書き認めたものと考えられる。特に注目されることは、笹子村の地域に国名が、そのまま家名のようになって、近世まで伝えられてきたことである。備前・三河・因幡・和泉・若狭・越中・周防など、みな西国の国名である。笹子は百宅とほぼ同じような条件にある山峡の村である。この人たちは、遠い昔、なんのためにこの地に移住して来たのであろうか」と、みずからに問いかける。
そして、見事な結論を導き出す。

地理的条件からみて、おそらく狩猟を目的とし、また一面、開拓農耕との両方を業としていたのではないだろうか。当時この人達は先進地の農耕文化を持っていた人達である。古くからその地に住んでいた民族を同化させ恭順させて、山夷・田夷の民族に変えさせたことを思えば、この人達の努力と忍耐にあらためて敬意を表さずにはおられない。（傍点筆者）

一般的な町史で、担当筆者が「この人達の努力と忍耐にあらためて敬意を表さずにはおられない」などと、本音を書くことがあるだろうか。この一箇所にふれただけでも、私がこの『鳥海町史』に首ったけになる気持を、読者諸兄も必ずやご理解いただけると思う。

大物忌神に特別に授けられた位階

ところで、鳥海町は昭和五十五年十一月一日をもって鳥海村から町政に移行したわけだが、その前段として、ここに名前の出てきた笹子、川内、直根《ひたね》の三村が同三十年三月三十一日に合併して鳥海村を誕生させていた。

百宅（下百宅・上百宅）は直根村に属し、合併時、人口は三村ともほぼ同数（三村で約二万六六〇〇人）、面積的には直根村がいちばん広かった（約一四四平方キロ）。最少の川内村で六五平方キロ。直根村時代の百宅、さらにはそれ以前の藩政時代をふくむ中・近世の百宅村については、あとの項で改めてふれるが、ここでは百宅が直根の管内にあったことだけをおさえておいてもらった上で、再度古代の百宅、鳥海へと飛翔したい。このあとの当地方の動静を探る上で、もっとも重要となるのは修験関連の諸資料だ。つまり（百宅をふくむ）鳥海山と修験道との関わりについて書かれた文書類だ。

それにつけ、古代の鳥海山はよく噴火した火山であったらしい。古いところでは、敏達天皇（五七二〜五八五）の七年（五七八）や、推古天皇（五九二〜六二八）のころに噴火があったことが記録されているが、さらに元明天皇（七〇七〜七一五）の和銅年中（七〇八〜七一五）にも、「和銅年中宿世山煙吹出し、人々麓を去ること三里」といった記録も見られる。宿世《すくせ》とは前世からの因縁のことであり、もちろん鳥海山のことを指している。

また、仁乗上人（後述／江戸初期の人）が書いた「鳥海山大権現縁起」には、

仁王四十四代天正天皇朝、養老元年丁巳（七一七）六月八日ニ、鳥海山龍頭寺之本尊薬師、瑠璃之壺渓ヨリ湧出給、菘岳二郎氏光奉見崇之奉祝也。

とある。「本尊薬師、瑠璃之壺渓ヨリ湧出給」という言い方が何とも婉曲的で、火山活動が神(仏)の仕業と捉えていることが、よく分かる。記録はこれにとどまらない。延暦二十三年(八〇四)には「山上火あること三年」の記述がみえ、また大同元年(八〇六)のそれには「地震あり、其後鳥海山の地震鳴ること久し」と記す。四年後の弘仁元年にも、「鳥海山破裂したるため、白雪川に灰水を流し、魚類皆死す」という惨事をおこしている。ちなみに、白雪川は鳥海山を北西に流れ下って、にかほ(市)で日本海に達する主要河川である。

天長七年(八三〇)の惨劇は、『類聚国史』が書きとめている。

一月三日出羽大地震。駅伝して二十八日上奏す。正月秋田城の付近大地震あり。城郭官舎並に四天王寺、丈六仏像悉《ことごと》く顚倒《てんとう》し、地割二十丈より三十丈に達し、秋田川の水かれて帯の如し。撃死の百姓十五人、朝廷特使を派遣して、震災を賑救せらる。陸奥・出羽の国々疾病流行、夭死するもの多し。

現在の秋田市を中心におきたこの大地震は、ちょうど鳥海山が活動期に入っていたころのことであり、その関連性はまず疑い得ないだろう。

これに反応するかのように、朝廷は承和五年(八三八)、まず出羽の国大物忌神《おおものいみのかみ》(鳥海山の祭神)に従五位の位階を授け、さらに同七年（八四〇）には従四位下を授けた。これは、朝廷が神霊の力によって民の災害を除こうと試みた授階であった。古代においてはこれほどまでに神霊の存在と力が信じられていたのである。しかし、嘉祥三年（八五〇）にはまた、出羽の国で大地震が発生し、「山谷所を易《か》え圧死する者多し」の『文徳天皇実録』の記事は、鳥海山が火山活動の最盛期に近づいたことを示しているようで、無気味だ。「山谷所を易え」のひと言が、地震の凄まじさを雄弁に物語る。

果たして、二十一年後の貞観十三年（八七二）、以下の記述が『三代実録』（『六国史』中の一書）にみえる。

去ル四月八日、山上火有りて土石を焼き、また声有りて雷の如し。山より出づる所の河は泥水泛《はん》溢《いつ》して、其の色青黒く臭気充満し、人聞くに堪えず。死魚多く浮び、擁塞《ようさ》して流れず。両《ふた》つの大蛇《おろち》有り、長さ十丈許《ばか》り、相流れ、海口に出入す。小蛇随ふ者其の数を知らず。流れに縁《よ》って損する者多し。或は濁水に染まりて臭気止まず。古老に聞く未《いま》だ嘗《かつ》て此の異有らずと。

これは出羽の国司の奏上文であり、鳥海山噴火の状況をじつにリアルに報じている。ことに、灼熱の溶岩流を大蛇・小蛇にたとえ、海口に向かって流れ下る状景を写実的に表現した力量は、とても素人のものとは思われない。少し前の承知六年（八三九）には、「八月中出羽国西浜五十余里の間、雷雨十余日の後、無数の石鏃《せきぞく》を降らす」とあり、次いで元慶八年（八八四）にも「大霧昼晦《くら》し、十月二日是より先、出羽秋田城、鏃《やじり》を雨ふらし、飽海郡石降らす」（傍点筆者）とあって、このころ鳥海山一帯にも相当の噴石が落下したものと考えられる。

ちなみに、当時、出羽国は四郡八荘からなっていて、その内訳は――

飽海郡――由理荘・置玉荘　田川郡――最上荘・村上荘　平鹿郡――雄勝荘・仙北荘

山本郡――秋田荘・川辺荘

である。今回のテーマと関係する由理荘は飽海郡に属しており、その由利の地は〝由利八郷〟に分かれて、南は鳥海山、北は秋田城下の南にかけて整然と区切られていた。吉田東伍の手になる大日本地名辞典から、八郷のうち直接本篇に関わる二郷について、解説を引用する。

・由理郷　和名抄飽海郡由利郷。今の西目村・本荘町・子吉村・鮎川村等にあたる。雄波郷の北にして、子吉川を以て、河辺郡の諸郷と相限る。子吉川の上流も本郷にして、余戸といへるに似たり。

・余戸郷《あまるべ》　和名抄飽海郡余戸郷。今詳ならず。由利郷の地形より推せば、その南なる矢島・滝沢の村里とす。即ち子吉川の上流、鳥海山・丁嶽《ひのと》の陰なり。

これを読む限り、「子吉川の上流も本郷（由利郷）にして」とか、「子吉川の上流、鳥海山・丁嶽の陰なり」とあって、百宅がいずれの郷に属するのか、判然としない。それくらい、百宅は人知れない山深い僻遠の地で、ひとり静かに独自の文化を育んでいたのである。それはともかく、前の噴火（元慶八年）から三十一年後の延喜十五年（九一五）の「出羽国言上、降灰二寸、諸郷農桑枯損の由」の記録は、噴火に伴う降灰の被害報告であろう。この文から察するに、桑をふくめた農業被害の大きさが知れると同時に、当時、鳥海山麓にはかなりの住民が居住し、農業に勤しんでいたことが知れる。

この噴火を最後に、国史に記録された鳥海山の噴火はあとを絶つ。その後、近世までは休火山の状態が続いたということだろう。一方、朝廷はこのような異変のある度に、大物忌神を鎮静するために位階を授け、物忌の祈禱を行わせた。その祈禱とは、噴火は山の神が夷乱の凶変を忌み嫌い、前もってこれを告知するものと信じていたため、斎戒沐浴して山霊の憤りを鎮めようとしたもの。元慶四年（八八〇）には大物忌神はついに従二位の位階を授けられている。本来、位階は勲功・功績のあった者、または在官者・在職者（つまり人間）に与えられる栄典の一種なのに、大物忌神は人間ではなかったが、朝廷から特別に授けられたのである。

第二章　壬申の乱に敗れて出羽に落ちのびる

美濃からやってきた兄弟が鳥海山道を開削

鳥海山（大物忌神）が噴火で世間を騒がせていたころ、この東北の名山はまた別の意味で注目を浴びはじめる。百宅とも大いに関係のある話なので、読者諸兄にはしばらくお付き合い願いたい。その題目とは修験道である。町史がここで引くのは、吉谷地（小字直根）の土田彦吉家文書である。そこには驚きのエピソードが記されている。鳥海の修験の話は、まずここからはじめなくてはならない。とりあえず、その文書から引用する。

土田家由緒之事
宣化天皇五世　中納言多治比朝臣貞成ノ男　美濃国可児郡土田《ドダ》邑之産ニシテ、比良衛・多良衛ノ二人ハ、奥羽ノ乱ニ際シ、出羽国ニ降テ後チ、嘉祥三年（八五〇）六月十五日ヲ期トシテ、鳥海山矢島山径ヲ開創ス。以テ荒沢ノ邑ニ住シテ、田畑ヲ開墾シテ、世々業ト為《ナ》ス。抑々《ソモソモ》比良衛・多良衛ノ二人ハ、生国ノ名称ヲ基シ、土田《ツチダ》ヲ姓トス。死シテ後、兄ヲ比羅広践別命ト称ス。又弟ヲ多羅広行別命ト称ス。故ニ子孫ヲ敬ヘテ鳥海山矢島口木境山中ニ、柱ノ命ノ神魂ヲ木像ニ為シ、是ヲ安置ス。今ニ謂フ、矢島口鳥海山道ニ在ル開山神社ト言フハ、是全ク土田家之祖霊ヲ奉レル神社ナルコト明ナリ。為ニ矢島地方ヘ普ク土田家ノ多ク造殖シ来レルハ、皆ナ此故成ル可シ。

高祖天皇御忌名左ニ

武雄広国押道尊ト奉称ル。

明治二十三年九月廿日

土田義久君ノ需ニ応ジテ

多治比朝臣

土田義輝印

誌ス

この文書の筆者、土田義輝は旧矢島藩士族。矢島は鳥海山道を開削した比良衛・多良衛の後裔ということになる。嘉祥三年（八五〇）、ふたりの兄弟は美濃国（現在の岐阜県南部）からはるばる奥羽の地鳥海山麓に入植し、当時まだ火山活動が続いていた鳥海山東北麓から山頂への小径を開削したのだった。前にもみたように、嘉祥三年といえば、『文徳天皇実録』に「出羽の国に大地震あり、山谷所を易《か》え圧死する者多し」と記された年である。まさに火山活動の絶頂期にあった時代と重なる。

別の見方をすれば、当時は出羽柵（和銅二年〈七〇九〉）がはじめて最上に設置された和銅年間から約百四十余年後のことであり、その出羽柵が最上から秋田高清水丘に遷されて約百十余年後のことであった。このころになると、出羽国一帯に大和民族も多数居住し、人口もおのずとふえ、至る所に集落の発生が見られた時期である。そんなときに、遠い美濃国から兄弟手を携えて北の大地を目指し、鳥海山の密林に登山道を拓いたことは、偉業以外の何ものでもない。今、矢島町の開山神社には、この比良衛・多良衛の兄弟が祀られていて、青鬼・赤鬼の二体の木像はふたりの偉業を神格化・神秘化しているかのような姿（座像）で、小さな本殿の暗闇で異彩を放っている。

定住以来、ふたりの子孫たちは発祥の地土田村にちなんで姓を土田と名乗り、荒沢郷を中心とした土地の開拓に従事する一方で、一族の者たちによって毎年開山神社の祭祀が執行されている。なお、この土田家文書の続きには、以下のような加筆がある。

続テ、比良衛長裔土田左内、元久二年丑三月、矢島之荘荒沢ヨリ越シテ、吉谷地之地へ開創。其ノ地大清水ヲ用、出崎ノ屋倉田畑トモニ業トナシ、又、大水上ヲ以テ田ヲ開キテ、永々業ト為ス。延□五年三月以来、吉谷地出崎ニ白山大神并鳥海大神之社ヲ見立テ、御輿ハ祝ト大祭捧ケ奉ト云居ナリ。　印

明治三十二年八月　土田善輝　印

左ニテ筆

ここには、兄比良衛の後裔が元久二年（一二〇五）に荒沢から鳥海の吉谷地に移ってきて、この地を開拓し、そこに白山大神・鳥海大神の二柱の神を合祀して神社を建立したことが記されている。同族の土田善輝が明治の半ばにこれを証しているわけだが、現在も吉谷地にはこの神社があり、土田家により祭祀が営まれている。鳥海山道を開削した先駆者、比良衛の後裔が吉谷地に居住したことは、その後の鳥海山修験の発展を考えるまでもなく、鳥海町と鳥海山との深い因縁を感じずにはおれない。吉谷地は旧直根村（現大字下直根）の入口というロケーションにあり、同じ村の最奥に位置した百宅と好対照をなす点も、何かの因縁かもしれない。

ところで、「土田家由緒之記」は、吉谷地に定着した土田家の家伝を記録したもの。比良衛・多良衛兄弟の鳥海山道開削については前の文書と同じだが、その後のことに関して、より詳しく記録している。併せて紹介する。

続テ比良衛ノ長裔土田左内、元久二年（一二〇五）丑三月、矢島ノ庄荒沢ヨリ越シテ吉谷地之地へ開創。其地中央見テ家ヲ建、田畑ヲ業トナシ、文永二年（一二六五）丑六月白山御堂建立ス。住居候得共、水不足ニテ大清水ヲ用、上ノ出崎ニ家蔵建、田起シテ田畑ヲ業トナシ、八兵衛ノ開キ始ノ田ヲ、八兵衛沢田ト云フ。又大水上ノ水ヲ以テ堰ヲ起シ、少々開キテ業トス。又延文五年（一三六〇）三月十七日ヲ以テ、吉谷地上ノ出崎ニテ白山大神並鳥海山大神ノ御輿祀ノ大祭捧ゲ奉シ場所ヲ今ニ至リテモ、輿シメクリト云伝ルナリ〈後略〉

前文と比較すると、比良衛の後裔たちが吉谷地に移住後、どう屋敷を整備し、いつ神社を建て、また水不足を解消していかに田畑を広げていったか等、克明に綴られている。古代の開墾の実態を目の当たりにするようで、興味は尽きない。

ここで話を元にもどす。美濃からやってきた比良衛・多良衛の兄弟は、たしかに矢島口鳥海山道を開削したが、直接的には修験と関わりはない。鳥海山の修験道は当山派に属し、嘉祥三年（八五〇）、比良衛・多良衛の兄弟が鳥海山道を開拓してから二十年後の貞観十二年（八七〇）、聖宝《しょうほう》尊師によって鳥海山修験道が開創されたことになっている。

俗界における修験道の広範な使命

詳しく鳥海山修験を考察してゆく前に、修験道そのものの起源を探っておきたい。一般に、修験道とは山岳に登拝して修行し、呪《じゅ》力を得る道であるが、日本には仏教伝来以前から行われていたとされる。その後、山岳崇拝と、平安期の密教の呪術的練行とが習合して成立し、大和の大峰山を根本道場として南の熊野、北の金峰山一帯に入峰して行法修練する宗教であり、その修行者を修験行者、また山伏とも称した。

開祖は、『続日本記』『日本霊異《りょうい》記』などによれば、役小角《えんのおづぬ》ということになる。彼は葛城山に住して呪術をなし、山岳を跋渉《ばっしょう》すること三十余年、松の実を食い藤や葛などの皮を衣料とし、水を汲み、薪をとるなどの難業を重ね、ついに呪術的、陰陽道的要素の強い神秘にみちた業を会得する。ために、「世を惑わす妖言をなした」という理由で、伊豆に流された。後世、いろいろな伝説がつくられ、修験道の開祖と仰がれた。まさに弘法伝説の広がりと比較できよう。

その後、醍醐天皇（八九七〜九三〇）のころ、聖宝《しょうほう》尊師が大和の大峰山に入って醍醐寺（京都市伏見区）をおこし、修験道中興の役割を果たして、真言宗系を主とする京都三宝院の当山派を発生させる。理源大師は聖宝の諡号《しごう》である。ちなみに、醍醐寺は一山の総称であり、そのうち三宝院は五門跡のうちの筆頭門跡だった。一方、堀河天皇（一〇八六〜一一〇七）の御代、増誉《ぞうよ》が白河院熊野行幸に従い、その功により熊野三山検校職に補されてから、天台真言宗に基づく聖護院本山派を開創した。以来、この二派が諸国にその教義を広め、各所の山岳を中心として多くの道場を有するに至った。

以上が修験に関して定説のごとく語られてきたところだが、最近の研究でいくつかのことが新たにわかってきた。たとえば、当山方先達衆の成立は、三宝院門跡との関わりによるものでなく、当山方が構成されたのは、興福寺堂衆を中心とした修験者集団の形成にあった。当山方先達衆は棟梁を据えず、大和国を中心とした畿内の寺院に所属する修験者であり、自治体制によって活動してきた。『大峰当山本寺興福寺東金堂先達記録』（一九八六）によれば、当山方の集団は延文四年（一三五九）ころに成立したと考えられ、本書には本山棟梁三井寺聖護院、当山棟梁興福寺東西金堂とある。

このように、当山方が記録に表われるのは十四世紀末のことで、しかも棟梁は醍醐三宝院ではなく、興福寺東西金堂に根拠していた修験たちだった。

さらに突っ込んだ研究で、以下のようなこともわかってきた。当山方は鎌倉期から南北朝時代末期に南都諸大寺の堂衆に統率され、自治体制に基づいて教団を運営していた慶長年間に至るまで、三宝院門跡との間にさしたる関係を結んではいなかったのだ。しかし、十四〜十五世紀にかけて本山派棟梁である聖護院門跡は、各地に散在する熊野先達や在地寺院の山伏集団の支配に着手し、修験教団本山派の形成を進めた。また同時に当山方にも影響を強めていったため、当山方は自らの存在基盤を守る手段を選ばねばならなくなった。

それは南都諸大寺に属していた当山方修験だけでなく、関東における当山方修験者も聖護院門跡による支配および本山派拡大に苦慮していた。そうした中で永禄十二年（一五六九）に義演が三宝院門跡となり、南都諸大寺からも支持を受け、当山方棟梁となった慶長十八年（一六一三）の修験導法度では、本山派山伏が関東真言宗の修験者から注連祓役銭を徴収することを禁じ、彼らは自ら醍醐寺一味として当山派を主張するようになったのだ。この一連の流れについて、江戸幕府の宗教政策を担っていた金地院崇伝は、「当山まる勝ち」と語ったらしい。こうした中で、当山方形成の十三〜十四世紀に成立したとされる伝承（前述）、すなわち聖宝を修験の中興とし、聖宝が大峰山中で大蛇を退治し、役行者以来絶えていた斗藪《とそう》（行脚）の修行を中興したという伝承が中核となっていったのである。

　ここでいったん歴史を離れ、現在、国指定史跡鳥海山を構成する各史跡の全容、指定範囲を見ておきたい。まず鳥海山地区（山頂）では鳥海山大物忌神社境内と登拝道（吹浦口・蕨岡口）、吹浦地区（遊佐町）では鳥海山大物忌神社吹浦口ノ宮境内、蕨岡地区（遊佐町）では鳥海山大物忌神社蕨岡口ノ宮境内、丸池地区（遊座町）では丸池神社境内、小滝地区（にかほ市）では金峰神社境内、山頂北西麓の霊峰地区（にかほ市）では霊峰神社跡、すでに述べてきた矢島木境地区では木境大物忌神社境内と登拝道、そして最後の滝沢地区（旧由利町／現由利本荘市）では森子大物忌神社境内がそれぞれ指定の範囲に入っている。

　なかでも、百宅と関係してくるのは矢島木境地区であり、これ以後は矢島口に限ってみてゆく。鳥海山矢島側修験道の総本山は旧矢島町（現由利本荘市）の福王寺である。矢島の町を東に見下ろす山の裾にあって、現在もその存在感は一頭地を抜いている。開創当時は津雲出郷《つくもいづごう》の中心地九日町にあったと伝えられるが、その開創年代は不明だ。九日町は鳥海町に近い平地にあり、このあと出てくる矢ノ本（旧鳥海町）の元弘寺が同様の伝承をもっていることから、かつて九日町はこの地方の要衝であったのかもしれない。福王寺は現住八十六代と言われるところから、その開創の古さは推して知るべしだろう。

　以来、矢島の当山派修験道は福王寺を中心に、矢ノ本の元弘寺を第二座として、山麓一帯に広く発達した。世に言う修験十八坊がそれで、その中には百宅の万宝院も入っていたのである。矢島逆峰の鳥海登路は、山麓から頂上を目指すルートがいくつかあった。猿倉口、百宅口などがそれで、遠い国から参詣する人たちのために、山麓にはいくつかの宿坊（十八坊）があり、元弘寺や万宝院もその役割を果たしていた。こうした土地には、京都の本寺醍醐寺や三宝院などから多くの教化僧が派遣され、庶民の生活の中に修験の教化を浸透させ、文化と法力とをもって教導するなど、村人たちの生活全般に深いつながりをもつに至ったのである。

私が今回、ダムに沈む村・百宅を書きとめておこうと思ったとき、偶然にも鳥海修験の資料に出遭い、先入観を打ち破るその活動ぶりに、私は素直に驚いた。それまで、山駆けし、火渡りするおどろおどろしい存在のイメージしかなかった修験者が、村の暮らしの中に入りこみ、村人たちと交歓する姿が描かれているのだから、面喰らった。修験者にもこうした一面があったのかと、改めて興味をもったのである。

そういえば、村山修一が『山伏の歴史』の中に、次のようなことを書いている。山伏はもとより開かれた存在であったのだ。

> 修験道の歴史的意義は、教団として、あるいは山岳宗教として限定されたもの、従って一般社会から隔絶したものと考えるのは非常な誤りで、山伏達の広範な活動は世俗世界との間に様々の関係をつくり出して行ったのである。例えば、山深く人界を絶した幽境に超人的修練を積んだ山伏に対する世間の畏敬と信頼は、法力による俗界の諸問題解決への期待となった。疾病流行や様々の天災地変のごときには、貴賤の上下を問わず、山伏の法力が最も頼まれたのであった。これに

乗じて時にはいかさま師が出ることもあったが、修験道の俗界における使命は時代とともに深まっていった。（傍点筆者）

最後のパラグラフなど、まさに修験の本質を物語っていないだろうか。あとで俗界で修験道が果たした具体的な例を挙げてみるが、その前に矢島修験の中身に分け入ってみたい。

天武天皇ノ朝、当地ニ落来リテ

鳥海山逆峰修験の先達が矢島の福王寺であることは書いたが、それに次ぐ第二座の地位にあったのが、矢ノ本の元弘寺である。

「明治初年の神仏分離（排仏毀釈）のとき、ウチは神道をとりました。全国的には排仏反対の動きが各地で見られたようですが、ウチをふくめ、この地方ではそれぞれ平隠に神道もしくは仏教への移行が行われたようです。女房の実家は矢島の福王寺ですが、ウチとは逆に仏教を選んだわけです」

筆者は十津川村（奈良県）や隠岐島（島根県）などで排仏毀釈の凄まじさを取材しているだけに、元弘寺（現八幡神社）の神主・三森安幸さんの話は、少し意外な気がした。さらに、寺ははじめ矢島の九日町にあったと聞いていたので、それを確認すると、「大井五郎が矢島の地頭をやっていたころですから、戦国時代ということになりますか。五郎は元弘寺を戦略的に使おうとしていたらしく、みずからの祈願所にもしたそうです」と、三森さん。大井五郎については、あとで詳しくふれる。戦略的という三森さんの言葉に説得力があるのは、子吉川を挟んだすぐ対岸の山は、山城であった荒倉館があった場所であり、同じく急峻な崖上に立地する元弘寺に何らかの戦略的な役割が与えられたとしても、何ら不思議はない。

この元弘寺、惜しいことに、明治十三年三月十日に火災に遭い、寺院その他ことごとく灰燼に帰している。その中には、鳥海山開基以来の書類も多数ふくまれていたと考えられ、『鳥海町史』の編者でなくとも、痛恨の極みに違いない。ただ、寺の家系だけは奇跡的に写し遺されてあった。この文書は鳥海山修験を知る上でのみ貴重であるだけでなく、古代史の細部を照らす資料としても重要であるので、少し長くなるが全文を紹介する。（以下、傍点筆者）

家系写

遠祖天津日子根命ノ後胤ニシテ、山背国ノ住人、本姓額田部ナリ。人皇四十代天武天皇ノ朝（六七二～六八六）、当地ニ落来リテ、家屋ヲ建築シ田畑ヲ開発シ、矢ノ本ト申シ、后《ノ》チ法教院ト改メ、其後元弘寺ト称ス。

人皇五十六代清和天皇ノ御宇、貞観十二庚寅年（八七〇）、醍醐三宝院開祖聖宝贈号理源大師被為蒙勅定《チョクジョウヲコウムサセラレ》、鳥海山開基被為成《ナラセラレ》候時、当家祖先曽師ニ従ヒ、開基以来年々尊師ノ遺法ヲ以

テ峯中修業仕、鳥海山衆徒ニテ古来ヨリ先達ニ御座候。

貞亭元甲子年（一六八四）、三宝院ヨリ如往古当峯可為大先達《ダイセンダチタルベキ》旨御証拠拝領仕候ニ付、毎年九月八日ヨリ十月八日ニ至ル三十日間、峯中ニ於テ修業ヲ積タル衆徒ニ対シ、坊号ヨリ大先達マテ十二階ノ範囲ニ於テ階級昇進補任状当家ヨリ差出来候。其位階ハ三宝院宮ヨリ受クル官職ニ異ナルコトナシ。

同年十一月十一日、御門主御名代品川寺ヨリ鳥海山峯中修業法式如往古、当山法流可令相続之者、三宝院御門跡御下知可相守旨、御証文拝戴仕候。貞享二丑七月廿一日、矢島衆徒方ヨリ御門主御使僧、江戸菩薩院へ差出候証文ニ曰、去年蕨岡衆徒ト滝沢龍同寺ト出入ニ付、御公儀へ罷出、蕨岡衆徒方ヨリ鳥海山之義ハ代々真言山ノ由申上候得ハ、御奉行所ヨリ真言山ニテ候ハヽ、三宝院御末派ト御意有之、就夫《ソレニツイテ》蕨岡小滝滝沢御改メ、末派ニ被仰付候。当矢島十八坊ノ義ハ前々ヨリ御役銀上納仕来候。

貞享三寅七月四日、鳥海山龍頭寺ハ真言ノ法流則三宝院御門跡直末寺、殊ニ一山開基以来当山修験道令兼帯《ケンタイセシメ》、峯中修行仕上ハ、他山ノ構有之間敷者也ト御証文頂戴罷在候。

鳥海山ハ往古ヨリ二十一年目毎ニ宮殿建換、庄内蕨岡衆徒矢島衆徒登山シテ遷宮ノ武ヲ挙行セリ。着座ノ義ハ正面ノ右ハ大先達触頭元弘寺ニテ、矢島衆徒之ニ従ヒテ着座ス。左ハ蕨岡其当時ノ先達着座ス。蕨岡衆徒之ニ従フ。鳥海山上ニテ御前初尾参詣人壱名ニ付、四銭八厘ツヽ維新ノ際マテ当家へ御仕セニ御座候。

当家ハ天正年中（一五七三～九二）、矢島前領主大井五郎光安殿祈願所ニ御定相成、慶長十九年（一六一四）、最上出羽守義光公ヨリ米七石ノ御寄附有之、家臣楯岡豊前守殿ヨリ黒印有之候。他ノ修験ハ三石ツヽ御寄附、又ハ御用捨ノ者モ有之候。其後ノ領主打越左近殿ヨリ高役拾石御免。他ノ修験ハ八石四斗ツヽ御免。其後ノ領主生駒殿ヨリモ、明治元年維新ノ際マテ御免高ニ御座候。当家宅地ハ古来ヨリ除地ニ御座候。貞享年中、三宝院宮ヨリ白綾地ノ袈裟拝領ス。右着用ノ者ハ当山派修験ニ於テ吉野大峯十二人先達ノ外、皇国中ニ、三名ノミ、余ハ決テ着用不相成由聞伝アリ。当家世代ノ義ハ、天文（一五三二～五五）以前、四十八代ノ由ナルモ系譜紛失ニ付詳ナラズ。然リト雖ドモ古来ヨリ触頭《フレガシラ》ニ御座候。天文二年（一五三三）隆長ヨリ私代マテ二十代ハ左記ノ如ク歴然相続罷在候。天文二己年、隆長ハ一山触頭役被申付印書被下置候。弘治元卯年（一五五五）、浄廷へ天正四子年（一五七六）宏隆へ、文禄三午年（一五九四）弘隆へ、元和元卯年（一六一五）尊隆へ、慶安二年（一六四九）教隆へ、寛文十一年（一六七一）弁隆へ、元禄五年（一六九二）隆延へ、宝永四年（一七〇七）法隆へ、享保十一年（一七二六）大二へ、明和七年（一七七〇）大二へ、寛政十年（一七九八）英隆へ、同十二年（一八〇〇）良典へ、文化八年（一八一一）永隆へ、文政八年（一八二五）覚隆へ、嘉永三年（一八五〇）円隆へ、文久三年（一八六三）尊隆へ、代々触頭ノ印書被下置候。明治二年（一八六九）冬、復飾シテ尊隆ヲ改、弘任ト称ス。右ノ外、鳥海山開基以来ノ書類多分之有処、明治十三年（一八八〇）三月十日、自宅火災ニ羅リ悉ク灰煙ニ帰セリ。

右通リニ御座候也。

明治廿六年四月二十七日

秋田県羽後国由利郡川内村下川内六十二番地

三森弘任㊞

これを読んで読者諸兄は驚愕しなかったか。私は唖然、茫然、思わずのけ反ってしまった。三森家の遠祖は山背国《やましろ》、つまり五畿内の山城国、現在の京都府の南部からきたというのだ。思い出すのは、百宅に最初に居着いた八名が、それぞれ出羽からは遠い西の遠国からやってきた人々であったことである。中村（大字笹子）の菅野敬一家文書にも、遠い国から移住してきた夥しい数の人名（国名）が記されていたではないか。

それはともかく、三森家の本姓の額田部について、「姓氏家系大辞典」には、「古代額田郡の大部族。その部民の住居せし地、地名は全国に多し。此の氏は其の伴造《とものみやつこ》及び部民または地名を負ひしなり」「山城の額田部宿弥は姓氏録に、山城神別に額田部宿弥、明日名門命六世の孫天申久富の後也。和名抄に平群郡に額田部を収め、如加多と住す」（傍点筆者）とある。

ここに出てきた伴造は、伴は人間、造はその統率者を指し、古代、氏姓社会にあって、朝廷の品部を世襲的に管理・統率した中下層の中央豪族。一方、宿弥は古代の姓《かばね》の一で、もとは人名につけて尊敬を表わしたが、天武十三年（六八四）には八色姓の第三位におかれ、主として連《むらじ》姓の神別氏族に与えられた。ちなみに、神別は皇別・諸蕃に対する語で、天神地祇の子孫と称される氏族を指す。

　私はこの弘仁の家系写を読んだとき、まっ先に目が吸い寄せられたのは、〝額田部〟と〝天武天皇〟だった。筆者にとって額田といえば鏡王の娘、七世紀半ばの女流歌人・額田王《ぬかだのおおきみ》であり、その数奇な運命がしぜんに思い出されたのである。額田王ははじめ大海人皇子（のちの天武天皇）に愛されて十市皇女を生んだが、その後天智天皇の妃となった。よく知られているように、天智天皇（中大兄皇子）は舒明天皇の長子、また天武天皇（大海人皇子）は第三子。このふたりの間におきたのが壬申の乱（六七二）。この年の六月、天智の子・大友皇子と天武との間におきた皇位継承権をめぐる内乱であり、当初吉野宮に隠棲していた大海人皇子は、天智の死後伊賀・伊勢を経て美濃に入り、東国を押さえる。次いで別動隊は倭古京を占拠、近江勢多（瀬田）で大友皇子の軍を大破し、皇子を自害させ、翌年正月即位して天武天皇となったのである。

　だが、壬申の乱は単なる私のイマジネーションで終わらなかった。三森さんに面会したとき、自身の口から思わぬ言葉が飛び出してきたからだ。

「ウチが当地にやってきたのは、まさにその壬申の乱と関係があるらしいんです。我が隊は負け組の天智派（大友軍）だったらしく、それで山城あたりにおることができず、はるばる出羽国まで落ちのびてきた、と。なぜ出羽であったのかは、謎というしかありません」

　と、三森さんは今から千三百五十年ほど前（飛鳥時代）の出来事を、きのうのことのように振りかえる。開墾の傍ら、法教院として修験道を開基。貞観十二年（八七〇）には、聖宝の鳥海山修験道開創に伴って、はじめて正式に修験寺院としての格を得ている。当時、三森家の先祖は聖宝の遺法をもって峯中で修行を続け、先達の地位につく。ちなみに、額田部の本姓を三森に変えたのは、「額田部ノ姓ナルヲ中世以来三森ニ改メタル由」と、三森弘任の家系履歴に付記してある。

矢島と仁賀保とは骨肉の一族なり

前に、元弘寺は一時、大井五郎の祈願所になったことがある、と書いた。この大井五郎についても歴史に疎い私は、『鳥海町史』を読んで、はじめてその存在を知った。五郎は直接百宅とは関係はないが、元弘寺との絡みもあり、この中世の羽後に出現した魅力的なキャラクターについて、しばしふれておきたい。由利八郷については前にふれたが、南北朝・室町と混乱の世をやり過ごしたあとも、歴史はさらに戦乱渦巻く戦国の時代に突入する。いわゆる〝由利十二頭〟が割拠したピリオドである。

十二頭が由利の地に定着した時期については、資料によりズレがあり、だいたい応永（一三九四～一四二八）～応仁（一四六七～六九）ころにかけて領地の安堵を受けたと思われる。しかし、十二の数字にこだわる必要はなく（増減あり）、またその系譜は、仁賀保・矢島・岩谷・玉米・下村・打越・石沢・赤尾津氏などは信濃の小笠原一族であり、同族の間柄であった。根井・芹田・潟保氏なども同じ信濃の出であり、小笠原氏とは近縁かまたは同国の人たちであった。

ただ、子吉氏と鮎川氏については各氏の記録に「鎌倉より下向」「鎌倉ヨリ来テ」とみえ、信濃系の人たちと一線を画している。ちなみに、小笠原氏は甲斐源氏加賀美遠行の二男長清が、甲斐巨摩郡小笠原村に住んだのにはじまる。文禄二年（一五九三）に小笠原諸島を発見した小笠原貞頼も、この小笠原氏の一族。たいした参考にはならないが、当時の各氏の石高が象潟郷土誌資料中に「十二頭衆人名領高」という記録で載っているので、それを示しておく。

一万石仁賀保大和守、五千石赤尾津伯耆守、五千石小助川大井矢島伊予守、二千石下村築前守、三千石岩谷甲斐守、二千石打越主膳正、三千石滝沢刑部亮、四千石鮎川播磨守、三千石潟保兵部丞、二千石石沢勝太郎、五千石玉木信濃守（傍点筆者）

さて、応仁の乱にはじまった戦国時代は、全国を騒乱の巷と化したが、出羽の地を例外としてはずすことはなかった。当時、秋田では北部に安東氏が秋田三郡を領有し、比内（大館）に浅井氏、鹿角は南部氏の勢力範囲に属していた。県南の雄勝・平鹿・仙北では小野寺氏が先に稲庭に本城をおき、のちに横手に移った。さらに西馬音内と湯沢に支城をおいて一族を支配し、その勢いはじつに強大であった。

さらに隣国の庄内には、武藤氏とその同族の大宝寺氏、真室川には鮭延氏がおり、その後ろにはもっとも強大を誇り他国から恐れられていた最上氏がひかえていた。これら諸氏はともに虎視眈々と、隙あらば他領を侵略奪取しようと、その機を狙っていた。こうした群雄に周囲を取り巻かれて、狭い由利の地に多数の地頭が割拠していたことじたい、無理があった。そんな微妙な状況を、『奥羽永慶軍記』巻十八は見事に描いている。

十二頭の者共、或時は婚姻を結び、水魚の思いをなせる者あり。或時はわずかの遺恨を以て敵となり、弓矢に及ぶものあり。年々毎々転変せずということなし。中にも矢島と仁賀保とは、骨肉の一族なりしが、天文の頃始より確執に及び、数代闘争やむ時なし。終には矢島ははかなく断絶せしこと、悲しかりけり。（傍点筆者）

その悲しい物語を、次章で詳しく検証したい。主役は大井五郎満安である。

第三章　大井五郎満安と由利十二頭の争乱

「骨柄人に越たり、鬼神ともいひつべし」

由利十二頭の微妙な均衡が崩れたのは、矢島の大井氏の力が強大となり、わけても県南の雄・小野寺氏と姻戚関係を結んだことにあった。これにより諸頭間に目に見えない間隙が生じ、結果、由利諸頭の旗頭ともいうべき仁賀保氏を中心とした勢力と、矢島の大井氏との間についに激しい対立がおこり、戦乱の端緒が開かれる。大井氏は初代義久、二代義満、三代満安（一説に二代に光久を入れる四代説もある）と続いたが、対立の発端は義満のころからはじまったらしい。

正確には矢島と仁賀保の確執の前に、矢島氏と滝沢氏との間で不和があったのだが、紙幅の関係でそれについてはふれない。永禄三年（一五六〇）、滝沢が仁賀保に支援を求めたことで、矢島対滝沢の戦いの構図が矢島対仁賀保に様変わりする。五月には両軍の間で最初の戦闘があり、以来「是を始として仁賀保・矢島、十余年が間、相戦う事度々なり」と、諸書の記録が一致して、この戦の重要性に言及している。

そして、この戦でひとりのヒーローが誕生する。大井義満の嫡男、五郎満安である。その奮戦ぶりは、『奥羽永慶軍記』に「其上矢島が嫡子五郎満安、究竟《くっきょう》の兵にて、六、七度取り返し、近付く敵を突伏せ、薙《なぎ》伏せ追返し防ぎきれば、仁賀保、滝沢左のみ長追もせず止りぬ。扨《さて》こそ矢島は鰐《わに》の口、虎兕《こじ》の舌を逸れぬ」と記してある。父の義満は初戦（釜ケ渕の戦）の後間もなく病没、嫡子五郎満安が大井家を嗣いだ。先の戦で殿《しんがり》をつとめ、猛将にふさわしい武者ぶりを発揮したその満安が、『群書類従』矢島十二頭記に、次のように描かれている。

矢島殿嫡男矢島五郎殿、後は大膳太夫満安殿と申し、義満殿の嫡男ニて、大力人。長ケ《た》六尺九寸、臍《へそ》之穴より胸迄熊毛の如く、或る毛さかさにはへ、太刀は四尺八寸之大刀を三ツ指ニて抓《つま》み尾華《をばな》を切る。食は三升ツヽ一度に喰て、四日も五日も食不喰。馬には八升栗毛とて七キハ歩之馬也。陣貝を聞と否《いなや》、前足を上ケて、大豆八升ツヽ時の間にはみ申候。

身長は六尺九寸というから、約二メートル。胸毛は熊毛のごとくの剛毛で、五尺近い太刀を器用に三つ指でつまんで尾花を切ってみせる。食事は毎食三升ずつ（の米を）平らげ、一方で四～五日何も摂らなくても平気な体であったという。愛馬も偉丈夫の相棒らしく、陣貝（陣中で鳴らす法螺貝）を聞くや否や、前足を振り上げて、大豆八升をアッという間に食べてしまう。また別の書には「（満安は）熊のごとく、五、六人して食ふ飯を一人にて食ふ。鮭の魚の丸焼きを一本食。酒を飲、飯椀にて七度迄飲む」ともあり、満安の破格ぶりが容易に想像できよう。こうした満安の傑物ぶりは、いやが上にも矢島に対する周囲の恐怖と不安感をあおった。

それに加え、由利を囲む辺りの情勢も日に日に緊迫の度をましていった。庄内の武藤氏をその地から追いやった最上氏は、由利への進出に余念がなく、仁賀保氏他の諸頭との間に領地安堵と臣従の関係を築いてゆく。大井氏も外ではその流れからはみ出すことなく、内では小野寺氏との関係を深め、特に西馬音内の支城、元西の小野寺と姻戚関係を結んでいる。西馬音内小野寺氏系図に「小野寺茂道の女、由利矢嶋の城主大井五郎満安の妻となる」とあるのは、それを指す。満安は妻を娶ったのである。こうして小野寺と大井がいっそう親密になったことは、由利支配を狙う最上義光にとってはじつに不快で、不安をあおるものでもあった。これがひいては小野寺と最上の両雄対立の導火線となり、また由利諸頭の長い闘争の火種ともなったのである。

ここで『鳥海町史』の編集委員はふたたび名言を吐く。私はひとり喝采する。


五郎満安はまさに鳥海山の霊気が生んだ英傑であり、古里の山河とともに育まれた人傑である。彼は戦国の武将にふさわしく、秋田城之介に歌道を学んだ。また高建寺（後述）蔵の五郎の舞姿絵図や、佐藤良平家蔵の五郎満安愛用の笛などが示すように、幼い時から芸能の道をも嗜《たしな》んでいる。五郎満安は真に文武両道に秀でた戦国時代の英傑であった。鳥海の山霊、鳥海の大自然、まさに偉大なる龍蛇《りゅうだ》を生じさせた。（傍点筆者）

対句的に使われた「鳥海山の霊気が生んだ英傑」「古里の山河とともに育まれた人傑」のふたつの表現が見事。そして結句は「鳥海の山霊、鳥海の大自然、まさに偉大なる龍蛇を生じさせた」のだ、と。龍蛇は〝ひじょうに優れた人物〟の譬えであり、鳥海の山霊と大自然が満安という戦国の大英傑を生んだ、といっているのである。ここまで編集子に愛される歴史的人物も、そう滅多にはいないはずだ。

天正十八年（一五九〇）、秀吉の命によって由利十二頭はそろって北条討伐のために小田原に出陣する。その帰途、矢島を除く諸頭たちは相図って、このままではいつまでたっても大井氏（満安）を打つこと覚束ない。かくなる上は最上義光に訴えて、彼の力で満安を討ち取るのが最良の策、で一致。そこで岩谷左衛門（十二頭の一人）を山形へ赴かせ、「矢島の五郎満安は小野寺氏と計い、由利の諸頭を討ち従え、最上氏の領内へ侵入する無法の企《くわだて》てあり。今こそ矢島を討滅せねば、最上氏とてもいずれ大きな障害にならん」と、言葉巧みに訴えた。

義光は「満安とはいまだ対面もなく、招き寄せて謀って討ちとらん」と、約した。やがて、義光から矢島の新荘館（満安の居館）に使者がくる。その書状には、「今後汝を由利十二頭の旗頭とする故に、速刻山形へ参上せよ」とある。満安は「是は我を討つための方便」と決めつけ、病気と偽って出頭しなかった。追って再度の使者が、関白（秀吉）の朱印状を携え、義光とともに来春満安を伴って上洛するので、その打ち合わせのために参上せよ、と言ってきた。

朱印状まで見せられた満安は、「今は疑う余地なし」と意を決し、参上を約した。留守中の新荘館は舎弟の与兵衛尉に任せ、補任役に矢島摂津守・根井右兵衛をあて、由利諸頭の進攻に備えて二百余騎の兵を残した。みずからは主だった兵三十人ばかりと雑兵百余人を従えて、天正十九年（一五九二）十一月五日、矢島を出発。初雪の山路を五日間、九日には山形入りして早々に義光に対面。そのときの情景は『奥羽永慶軍記』の白眉として知られている。引用しないわけにはいかない。

山形殿に此由《このよし》案内申ければ、頓《やが》て義光対面せらる。其後志村伊豆守・氏家尾張守両人を以てさまざま饗応《きょうおう》し、満安、郎等五、六人具して出るを、一所に請《しょう》じ振廻《ふるま》い、饗膳を尽し、義光目付を以て是を見するに、満安が飯を喰ふ事、世にも希代の有様なり。身の丈六尺九寸有で、熊の如く鬚《ひげ》有て、尋常の五、六人して喰ふべき飯を一人して食し、其上大なる鮭の魚の丸焼を一本引けるに、首尾ともに少しも残さず食し、弥々《いよいよ》数の料理を露も残さず。酒を飯《のむ》に、五器《ごき》の大なるを以て七度まで傾けたり。義光、比者が面魂《つらだましい》を見給ひて「天晴、骨柄《こつがら》人に越たり。鬼神ともいひつべし。彼を殺さん事の惜しさよ」と、忽《たちまち》心変じ給ひて、満安に対面有て、「いかに矢島、御返を招きぬる事、全く十二頭党の頭にせん為にあらず、忻《たばかり》て討んためなり。然るに今御辺が骨柄を見るに、討つも惜き故、命は助るぞ。此上は党の者共の野心あらざるように、是よりして計《はか》らふべし。しかのみならず、来年上洛の刻、必ず伴ひ上りて、殿下の御見参に入べし。内々其用意せられよ」と却《かえっ》て、引出物《ひきでもの》を賜り、山形に数日逗留をぞしたりける。

ここのパラグラフの面白さは、前もって満安を招き寄せて謀って打ちとらん、と待ち構えていた義光が、満安の余りの豪快・豪傑ぶりに驚き、「心変じ給いて」、「今御辺が骨柄を見るに、討つも惜しき故、命は助るぞ」と言わせたところにある。そればかりか、「来年上洛の刻、必ず伴ひ上りて、殿下（関白秀吉を指す）の御見参に入べし。内々其用意せられよ」と、義光に言わしめたのである。この宴席でも満安は鮭の丸焼を一本丸々平らげ、酒も五器で七度もお代わりしたというのだから、義光をして「骨柄人に越たり、鬼神ともいひつべし」と驚かせたのも、無理のないことだった。

満安が義光の歓待を受けている間に、留守の矢島ではとんでもない陰謀が進んでいた。由利の諸頭は山形で満安が討ち取られるどころか、義光の覚えよく、引き出物まで戴いたと聞くに及び、急拠集合して策略を練る。新荘館を守る舎弟の与兵衛尉をそそのかして、仮の館主とさせ、満安のふたりの男子は殺し、山形からの帰路の山路で満安を待ち伏せ、殺す。これが由利の諸頭が描いた満安を亡き者にするための青写真だった。

この時、与兵衛尉とともに留守を預かっていた矢島摂津守は、暗夜に紛れて満安の奥方と娘のおつる殿を救い出し、輿に乗せて西馬音内へと逃してやった。一方、娘と孫を引きとった西馬音内城主・小野寺茂道は、新荘館が舎弟の与兵衛尉に乗っ取られたことを早打ちをもって、最上にいた満安に報せた。そのとき満安は義光へのお目見得もめでたく済み、ふる里で正月を迎えようと、心弾ませて雪の奥州路を矢島へと向かっていた。

途上、新荘館の変事を知った満安は、一刻も早く国に帰り、館を奪い返そうと山路を急いだ。しかし、時は真冬に近い十二月。雪で兵馬は思うように進まず、難所の甑峠は一同カンジキを履かねばならず、ようよう笹子にたどり着いたときには、山形を出てから七日目になっていた。心ははやるものの、この先まだ雪中の行軍は続くわけで、いったん小休止を入れる必要を満安は感じていた。

するとと配下の金子安部《あんべ》が、「この近くに無二の忠ある者がおります。名を猿倉平七といって、彼のところを宿所にして、以後の計略を練ったらいかがでしょうか」と進言する。安部が猿倉に行って平七に事の次第を話すと、父子一族十余人は武具をとって満安にまみえ、供して我が家にもどり、兵たちに休息を与えた。平七は息つく暇もなく、ただちに自家の裏山に館を構え、その名も花見館と名付けて、防備を施し五郎満安の居城とした。噂はおのずともれて、主君が無事猿倉に舞いもどったことを知った矢島家の家臣たちは、秘かに新荘館を抜け出して花見館に集まりはじめていた。

集い寄る兵が千三百となったところで、好機到来、この日（十二月十八日）は前後の見分けもつけ難い猛吹雪の日で、満安は千余の兵を従えて新荘館に向けて進行した。吹雪をついて城門は簡単に破られ、兄にも劣らぬ剛の者として知られた与兵衛尉も、満安に簡単に組み伏せられ、首を切り落とされてしまった。その与兵衛尉にもふたりの男子がいた。先に殺された自分の子への手向けとして、満安はこのふたりも斬首し、どどめきの獄門にかけたところに、改めて同族争いの悲惨の深さを思い知らされるのである。

腹十文字に切て腸をつかみ出し

新荘館の奪回はなったが、矢島が周囲の由利衆に狙われる構図に変わりはなかった。年が明けると、前年九月に秀吉により命じられた朝鮮征伐に馳せ参じる諸侯が肥前・名護屋に続々と集まりはじめていた。伴信友の『中外経緯伝』に、由利十二頭衆も召集に応じて佐賀に向かったことが書かれているが、十二名全員ではなかった。少なくとも満安と長年のライバルである仁賀保氏は動かなかった。満安は最上義光から上洛出兵の勧誘を再三にわたって受けたが、前のような変事の発生を恐れて、病気と偽って出兵しなかった。

一方、名代の者を名護屋に差し遣わした仁賀保兵庫頭は、急いで由利の諸頭を集め作戦会議を開いた。矢島は昨年の同族の争いで戦力はとみにダウンしている。この機を逃さず諸頭一丸となって満安を攻めれば、必ずや矢島を屠り去ることができる、と。これに対し、満安の老臣からは「最上に上って京都に行く方がよかろう」と意見する者も出たが、満安自身は「さらさら御用ひ無之《これなく》」と、全由利を一手に引き受け、潔く一戦を試みようと決意していた。『奥羽永慶軍記』によれば、敵は仁賀保の七十五騎を筆頭に、都合五千余人の兵が集まったらしい。文禄元年（＝天正二十年）（一五九二）七月二十五日、由利の大軍が新荘館目指して押し寄せてきた。

満安は少ない味方で外で戦っても利はなく、また城に籠もっても落城は時間の問題とみてとり、ならば新荘館東方の荒倉に砦をつくり、その天険を盾にのるかそるかの一戦を交えるべく、急拠荒倉の山にあらゆる防備を施した。前章で、元弘寺（八幡神社）の三森安幸さんと指呼の間に眺めた、あの子吉川対岸の小丘である。そこは小八塩山の中腹にある二〇〇平方メートルほどの平地で、通称〝五郎平〟と呼ばれ、満安はここに本陣をおくことにしたのだ。例の『奥羽永慶軍記』には荒倉はこう描かれている。

　比の荒倉といふ処は、西は大手にて、九折《つづら》の道あり。南は数十丈屏風を立てたる如く、峙《そばだち》て獣も走りがたく、麓に小川流れり。北は杉木沢とて石岩苔滑《なめらか》なり。東は長嶺つづきぬれども、かねて用心の為に深さ三丈、広さ一反ばかりに堀切って棚を付ぬれば、敵何万騎来るとも容易に破らるべきとも見えざりけり。（傍点筆者）

最後のパラグラフに、この軍記を書いた筆者の自信がみなぎっている。それでも、二十七日、敵は城に取りつきはじめる。正面大手側からは仁賀保・岩屋・滝沢の軍。片や背後山手からは下村・玉来・子吉・潟保・石沢・鮎川の軍勢。ともにもの凄い鬨《とき》の声を挙げて、荒倉館目掛けて一斉に突進してきた。矢島勢は荒倉の天険を頼りに防戦に奮闘するが、如何せん、多勢に無勢、その上敵は次から次へと新手を繰り出してくるため、味方は傷つく一方で、次々と討たれていった。このときの満安の奮戦ぶりを同軍記は、こう書きとめている。

大将満安、例の樫《かし》の棒を打振て八升栗毛に乗り、大手口に馳出て攻上る。大勢向て打ちらす。其のありさまいかなる天魔鬼神といふとも是には通じと見えけり。さればこの棒に中《あた》るものは生て帰るはなければ、さしもの勇気の寄手も人なだれして逃落たり。

こうして防戦三日、味方の不利を覚えた矢島三左衛門は、満安に「ひとまずここを落給ひ。西馬音内殿をお頼りあって、重ねてご本望を遂げさせ給うよう。奥方、鶴姫御前をば柴田・半田の屈強の者を指添え山中より西馬音内へ落とし申そう程に――」と、勧めた。別の資料では、与兵衛尉が新荘館を乗っとった段階で、満安の奥方と姫殿は西馬内に逃避したことになっていたが、『奥羽永慶軍記』では、少なくとも荒倉館までは奥方・姫とも満安に同行したことになっている。目の前の戦況をみて、さすがに剛気の満安も、ここに至っては三左衛門の言に従うより他なく、馬を捨て徒《かち》立《だ》ちとなって闇夜に紛れて落ちていったという。

相伴う兵は最初は十名ほどいたが、難所で敵を防ぎながらの行軍でもあり、小八塩の頂に達したときには、三左衛門ただひとりが傍らにいただけだった。結果として、西馬音内に落ちのびたのは満安と奥方だけで、鶴姫は乳母が抱いて逃亡の途中道に迷い、とうとう行方知らずとなってしまった。

この満安の危機に際して、西馬音内の舅《しゅうと》、小野寺茂道は援軍を送ろうにも、送ることができなかった。本城・横手の小野寺氏が九州へ出陣中の留守を預かる身として、外で戦をすることもかなわず、歯軋りのうちに戦機を失してしまったのが実態らしい。文禄二年（一五九三）には、由利の諸頭も名護屋から帰還する。諦めきれない仁賀保兵庫頭はまたも由利の諸頭にもち掛け、かくなる上は横手の小野寺氏（西馬音内の本城）をだまして、小野寺氏の力を借りて満安を打ち果たそう、と考えた。

さっそく、小野寺氏と親しい間柄にある玉米式部少輔と下村彦三郎を横手の小野寺義道へ遣わし、「満安は舅の茂道と計って、本城の小野寺氏を討ち、仙北の地統一の野望を実現しようとしている」と、語らせた。それを信じた義道は、たとえ茂道の婿であっても容赦はできない、と速やかに大森五郎康道を将として、兵八百をつけ、満安討伐の一隊を西馬音内の茂道の城へ向けて出発させた。まさかの成行に満安は「義父茂道殿には何心もなく、この満安を扶持しおればこそのこと。我、その申訳に自害仕らん」と、申し開きの使者を大森五郎の陣へ送った。康道はこれを聞き入れたが、舅の茂道は承知しない。「たとえ我とともに戦って死すとも、満安に腹を切らすことまかりならん」と、康道に訴えた。だが、満安はすでに死出の旅の準備を終えていた。

満安「左《さ》こそ仰らるべくと存じ候てはや用意仕候」といへば、是《こ》はいかにと見る処に、満安押肌脱《ぬ》ぎしに、一尺ばかりの刀を腹に押立て、背に切先少し顕れたり。今は止《と》むるに力及ばず。満安頓《やが》て縁より庭に下り立て、腹十文字に切て腸《はらわた》をつかみ出し、家来を呼び首をぞ討せける。（『奥羽永慶軍記』）

これが稀代の英傑、五郎満安の最後であった。剛勇をうたわれた地頭にふさわしい決断であろう。あとを追うように、家臣二人も切腹。三人の首は康道の陣に届けられ、この上は何の子細なしと、康道は軍とともに横手に帰陣した。時は文禄二年十二月二十八日、満安 齢《よわい》四十二歳であった。ちなみに、今、西馬音内の盆踊りの際の亡者《もうじゃ》の覆面は、悲運の死を遂げた満安の亡霊を弔うため、西馬音内城の麓の人たちが考案した満安追悼の出て立ちだろうと言われている。

首領を血祭りに上げたものの、仁賀保の謀略はここで終わらなかった。生き残った大井家の家臣たちを本領安堵するためと、仁賀保で饗を装い、集まったところで皆殺しにしたのである。このあと、詳しくふれる紙幅はないが、金子安部をはじめとする大井家のわずかな残党が一時的に矢島の八森城を奪還したことはあったが、最終的に笹子の赤館に籠城して、五千余人の敵を相手に大井側は四十数名で正真正銘の最後を

赤館（笹子）

笹子の金子安部の墓（写真＝佐藤一太郎）

迎える。その状況を『奥羽永慶軍記』はこう記す。

> 去程に本丸に攻寄れば、俄に作りたる外郭の塀役所火矢を以て焼破る。「今はかうよ」といふままに、皆一手に成てかけ出て、一番に鈴木与助、鉄炮に中《あた》り死す。次に相場又四郎矢に中りて死す。金子安部鑓《やり》取て大勢の中に突て入り、敵五、六人に手負せ討死ぞしたりける。其外の者ども、思ひ〳〵の働に敵の耳目を驚かし、皆討死をぞ遂《とげ》にける。「適《あっぱれ》勇士の最後や」と惜まぬ者はなかりけり。

敵が「あっぱれな勇士の最後であることよ」と称賛するほどの、見事な戦いぶりであった。担当編集子は「まさに大井氏の歴史の最終ページを飾るにふさわしい純粋で、壮絶な戦であった」と筆に力をこめる。落城は慶長五年（一六〇〇）九月十五日、まさに関ヶ原では天下分け目の戦いが行われている最中だった。

今、南から赤館を望む中村（笹子）の田圃の中に、金子安部の墓が立っている。粗末な石だが、「帰空顕功院安室了心居士霊位」の文字がはっきり読める。安部といえば、矢島の異変を知った満安が山形（最上義光）からの帰り道、猿倉で態勢を整えるよう勧めた男である。歴戦の勇士もついに赤館で散っていったのである。

黒百合姫祭文は生きている？

ところで、筆者のみならず、読者諸兄もひとつ、気になることがないだろうか。それは満安の愛娘、鶴姫の行方である。『奥羽永慶軍記』によれば、荒倉の戦のとき、鶴姫はわずかに四歳、乳母の懐に抱かれ二人の家臣に守られ、夜陰に乗じて逃げ回っていたが、やがて家臣たちとはぐれ、夜が明けてみれば敵方の仁賀保領。たちまち捕らわれ、仁賀保兵庫頭勝俊の面前に引き出された。すると、矢島と血で血を洗う争いを続けてきた兵庫頭は、幼い鶴姫の姿を見て「たとえ男子なりとも、是程の幼き者を殺すべきにあらず。況《いわん》や女子の事なれば、争《いか》で失ふべき——」と命を助けて、乳母のふる里である庄内へ帰してやったという。しかし、ストーリーはここで終わらない。

姫はここで養育され、八歳になる。そのころ山形の最上義光は最愛の娘於駒《おこま》姫を豊臣秀次の側室に献じたが、秀吉に二男秀頼が生まれると高野山に追放され、於駒姫も京都に到着後三条河原で秀次の遺児や側室たちとともに斬罪に処せられてしまう（秀次は自殺）。義光は傷心のさなか、鶴姫の身の上のことを知り、心から不憫に思い、最上家の一門・大山膳正の養女として養育させることにした。愛娘於駒の運命と重ね合わせていたのだろう。

慶長七年（一六〇二）になって、仁賀保勝俊の希望により、鶴姫はその嫡男蔵人に嫁ぐことになった。義光の配慮もあったのだろうが、かつては不倶戴天の敵同士であった相手の女（姫）を娶り、由利の地の安定とその旗頭としての仁賀保家の地位を確固なものとしたいという勝俊の思惑があったものと思われる。

彼の生存中は丸くおさまっていたが、勝俊の没後に蔵人が主におさまると、仁賀保家は一変する。「（蔵人は）世にも無類の悪人なり。母に不幸なりし事挙《あ》げてかぞへがたし」（奥羽永慶軍記）と書かれるほどの不孝者であり、その母を火災により死なせている。

鶴姫の落胆も大きかった。「我幼少にて何の思慮もなく、仁賀保が妻と成りし事こそ後悔なれ。夫は累代矢島の敵なり。我男子ならば仇をさえ討つべきに、いかに女なれとて父祖の敵を夫にして今迄ありし事こそ口惜しき次第なれ。夫《それ》のみならず蔵人主世に超し不孝の者にて既に姑焼死しぬ。是よりして蔵人主を見るも懶《ものう》し。いかにもして此城を遁れ出ん」と思い詰めていた。この事を知った矢島三右衛門（荒倉館の生き残り）は、「我ひとり、仁賀保の城内に忍び入り、姫を助け出さん」と夜陰に紛れて城中に侵入し、見事鶴姫を矢島の里に連れもどした。ふる里の地に立った姫は、万感の思いを歌に託した。

ふるさとの花もものいう世なりせばいかに昔の事をとはまし

「花がものをいう」という表現に、鶴姫の自由になった喜びが歌全体からほとばしり出ている。

これを機に、大井家の旧臣たちは、姫を戴き大井家再興をかけて数々の試みに打って出たわけだが、歴史の命運は常に思いもよらぬ方へ流れ、前に見たようについに赤館の戦で大井家再興の道は完全に断たれることになる。では、鶴姫のその後はどうなったか。姫は坂之下（新荘の隣）の高建寺（満安の墓がある）で剃髪し、名を芳山妙月尼と改め、矢ノ本の元弘寺（三森さん）近くに庵を結んで、読経三昧の暮らしに入ったという。

「朝な夕なに荒倉の山に向かって亡き父母、兄弟、家臣たちの菩提を弔ったと伝えられています。今、ウチの屋敷の裏に立つ五輪塔様の石造物が鶴姫の墓だろうといわれています。町史編纂のとき、専門編集員の菊地隆太郎先生が見当をつけられました」

墓とされるじっさいの石組みは、どちらかといえば地味な風情で、隠棲して静かな日々を送った鶴姫にふさわしい気がするが、姫にとってはこの石組みでさえ過ぎたる記念物と（草葉の陰で）感じていたのではないだろうか。

この鶴姫の物語には後日譚があり、私はその実物にはまだ接していないが、柳田國男が編んだ『黒百合姫物語』という小篇があり、これは羽黒に残された祭文（祭文節）であり、羽黒の山伏修験者たちはこの内容に独特の曲節をつけて、唱えながら村々を回ったということだ。

祭文は主に五郎満安と鶴姫、仁賀保蔵人との間の運命を述べたものだが、内容的には『奥羽永慶軍記』の記事から多く採録されているようで、それに「レーロレン、レーロレン」と絶妙な曲節をつけて、語りもの風にしてあるらしい。黒百合姫祭文はまだ生きて歌われているのだろうか。そう

高建寺

旧元弘寺の鶴姫の墓

高建寺の大井三郎墓（写真＝佐藤一太郎）

であるなら、ぜひ誰の語りでもいいので、その独特といわれる曲節にふれてみたいものだ。

ところで、『鳥海町史』は「由利十二頭の争乱」を扱った第9章の最後に「大井家余聞」として、興味深いエピソードを紹介している。大井家の菩題寺である矢島町中山の高建寺の過去帳に、次の法名が記されている。

法名	
秀達院殿雄巖英公大居士	大井満安公
芳心院楠峰殊公大姉	御令室
鳳山為麟禅童子	御息男
楠山懿玉禅童子	御息男
芳山妙月比丘尼	鶴姫君

これまで見てきたように、大井家は滅んだはずだった。しかし、じつはそうではなかった。偶然の機会からここに紹介した系図、つまり今の河辺郡雄和町大正寺字新波の新波神社の宮司福原盛家に伝わるものが発見され、聞きのがせない余聞となった。福原家は代々この地にあって神職を業としている家柄。その系図から今もなお、この地に大井家の血筋が静かに流れ続けていることが判明したのだ。

福原家系図

福原家高祖福原行栄

高祖行栄、幼名四郎、法名権大僧都三僧祇、大越家明王院法印行栄、羽州由利郡矢島領主大井光久公の次男にして、大膳太夫光安公の弟なり。天文十三甲辰年（一五四四）、十四歳の時、故有て遁世して出羽の国最拾二郡の頭襟行蔵院の弟子となり、以て修験道を修業し、諸国遊歴して、永禄元戊午年（一五五八）二月、行年二十七歳の時、村に来て鎮守社守の廃絶したる所を熟々拝観して、大いに嘆息して依て頻《しき》りに人民を教化して、社守を再興して、不動尊と号し奉り、遂に諸人の帰依に依て一寺を設け別当となる。委くは縁起に就て見るべし、則ち是れ福原家の高祖なり。慶長十四年己酉十二月六日寂す、齢七十九歳。

福原行須（行栄の子）

法名行須律師、天正十九戊子年（一五九一）、伯父満安公に従い、戦場に出て、同年十二月二十一日、新荘に於いて戦死す。齢二十九歳。

二代福原永伝

法名権大僧都三僧祇大縁起大聖院法印永伝、慶長十一丙午年（一六〇六）、三十二歳の時当社不動尊再興す。元和元乙卯年（一六一五）二月十九日寂す。齢四十二歳。

と、書いてきてはっきりしたのは、福島家初代の福原行栄光実は大井光久（大井家二代目）の次男であるから、五郎満安にとっては舎弟である。過去帳には「故有て」としかふれられていないが、同家別記には「幼時足を怪我して跛《ちんば》（ママ）となり、武士として戦場に出て戦うことかなわず、やむを得ず羽黒山系の修験道に入り修行した」とある。したがって、足の悪い行栄は直接戦場に出向くことはできなかったが、その代わり息子の行須をいつも矢島に赴かせた。行須は大井家のために各所の戦で奮闘、そして、天正十九年暮れの例の新荘館奪還作戦であえなく戦死。この戦は、反逆した満安の舎弟与兵衛尉を新荘館に討ちとった時の戦いだが、不幸にして参戦した行須は討死したことになる。齢二十九歳の表記が余りにも悲しすぎる。

片や与兵衛尉のように兄に弓を引く舎弟がおれば、一方には大井家を守るために、遠く大正寺（雄和町）から息子を戦に馳せ参じさせた舎弟もいたのである。福島家はその後も絶えることなく、現主福原盛で十六代を数えている。

第四章　菅江真澄と泉光院それぞれの「由利の旅」

〝はまのおば〟の背景は何？

修験からいったん離れる。だが、すぐには百宅にもどらない。どうしても、ここに書いておきたいことがある。秋田で、江戸（時代）で、文学といえば、どうしても菅江真澄《すがえますみ》は避けて通れない。それに、真澄は百宅にまではこなかったが、秋田に入る最初の旅で、鳥海町をかすめるように通過している。天明四年（一七八四）十月のことだ。

仕事柄、真澄の名前だけは若いころから知っていた。しかし、その細部についてはチンプンカンプン。だからこの際、百宅の人たちにも真澄のことを若干でも知ってもらえるよう、彼の伝記を少し紐解こうと思う。東洋文庫版の『菅江真澄遊覧記　1』のまえがきで、宮本常一は真澄のことを簡潔に、次のように紹介している。

真澄は宝暦四年（一七五四）ごろに三河国で生まれ、若い時から旅を愛し、ほうぼうに遊歴をこころみたが、天明三年（一七八三）郷里を出て、信濃・越後を経て東北の旅にのぼり、文政十二年（一八二九）に出羽国角館で長逝するまで、郷里には帰らなかった。生涯を旅に終えた人であった。

これが柳田國男の手にかかると、ガラリと雰囲気が変わる。面白い文章なので、少し長くなるが、『眞澄遊覧記を讀む』の冒頭部分をそのまま引用する。

　菅江眞澄本名は白井英二秀雄、天明の初年に二十八で、故郷の三河國を出てしまつてから、出羽の角館で七十六歳を以て歿するまで、四十八回の正月を雪國の中で、次々に迎へて居た人である。此人の半生の旅の日記が、後に眞澄遊覧記と題せられて、今は七十巻ばかり、散在して諸國の文庫に遺つて居る。非常に精密な彩色の自筆畫が添へられ、それを文章の説明の補助とした爲に、却つて此紀行の流布を妨げた形のあつたのは、この親切なる平民生活の觀察者に對して、言わう様も無い不本意なことであつた。

　久しい以前より自分は此人の舊知の家を尋ね、殊に三河の本國の村里を物色して、どうして斯ういう寂しくも又骨折な生活の旅行が始まつたかを知らうとして居るのだが、まだ生れた家の所在すらも明かにならぬ。繰返して彼の紀行を讀んで見ると、何かあの時代としては珍しい事情があつて、かゝる遠國の大雪の底に、空しく親を懐ふ百篇の歌を、埋めるに至つたことは想像し得られるが、遊覧記はさういふ身の上話をするやうな私事の日記では無かつたのである。雪國の春を校正する片手に、ふと気付いて拾い讀みに、再び幾つかの巻の正月の條を出してみたが、精彩ある村々の初春行事よりも、なほ鮮かに自分の眼に浮かぶのは、圍爐裏の片脇に何の用も無くて、ぽつんとして見て居た菅江眞澄の姿である。年越の宵曉は主人は神祭りに、刀自は食べ物の用意に餘念も無い時刻であつて、今年ばかりの遊歷の文人に、手傳つてもらふ仕事は一つも無いばかりか、落ち〳〵と話の相手になる者もあつた筈が無いのである。外がきら〳〵と霽れた日でもあれば、出で、山を望み雀の聲聽きもしたが、吹き荒れて居る時はしよう事も無い。回禮の客人には氣樂な話ずきがあつても、眞澄は酒のきらひな幾分か生眞面目な人であつた。故郷の新年を考へ出さずには居られなかつたこと、思ふ。（傍点筆者）

この柳田による遊覧記の紹介文を読むと、「菅江真澄っていったいどんな人？」と頭をかしげたくなりそうだが、東洋文庫の『菅江真澄遊覧記』の編訳にあたった内田武志による、「孤独ながら、自由な、そして純粋な信念をつらぬきとおして生涯を旅にすごし、当時の奥羽に比較するひともないほど価値ある著作を数多くのこしてくれた菅江真澄」といったあたりが、真澄の、また遊覧記の一般的な評価と思えばいいだろう。まずはそんな目線で真澄の旅に入ってゆきたい。

宮本の紹介文にあったように、真澄が二度と郷里に帰らない東北への旅にのぼったのは、天明三年（一七八三）三月のこと。ふる里三河を出て信濃・越後を経て、出羽路の入口・鼠《ねず》が関《せき》に着いたのは、その年の九月十日のことだった。

出羽路に入ったところで、本の見出し（章タイトル）は「秋田のかりね」となり、しばらくは庄内での旅のやどりが続く。秋田にはまだ早いが、何カ所か真澄の日記から紹介してゆこう。

九月十五日〈前略〉はまの温海《あつみ》（西田川郡温海町）についた。山のあつみという所にある温泉に行く人々が繁く通っている。このあたりの里の人も町の人も、すべて娘をもつものはみな遊女にだすのをならいとしている。これははまのおばとよぶという。〈中略〉三瀬《さんぜ》（鶴岡市）の宿に泊まった。ここの本明院という修験寺に古笈《おい》がふたつあったが、むかし義経が山伏のまねをして陸奥にひそかに下ったとき、ここにある薬師仏の御堂にしばらくとどまったということで、ここに残されているのだという。ひとつの笈《長さ二尺六寸、横一尺五寸》の表面に日月天人などが金色に彫られている。これが義経の負われたものと語り、また日月輪棒の絵を同じようにかいた笈《長さ二尺七寸、横一尺八寸》を武蔵坊弁慶が負うたのだという。柄の朽ちた長刀《なぎなた》もあった。このような道具は、これからさき何のために持ちつづけようか、役に立ちそうもないと思い、御仏に奉納したのであると語り伝えられている。（傍点筆者）

前段の〝はまのおば〟の話、このまま信じてよいものだろうか。また、本明院にあるふたつの古笈、本当に義経と弁慶のものだろうか。真澄だって、内心疑ってかかっているに違いないのだ。面白いのは、寺でもこのような遺物の扱いには困っていて、とりあえず仏前に奉納したのだということ

菅江真澄が歩いたコース

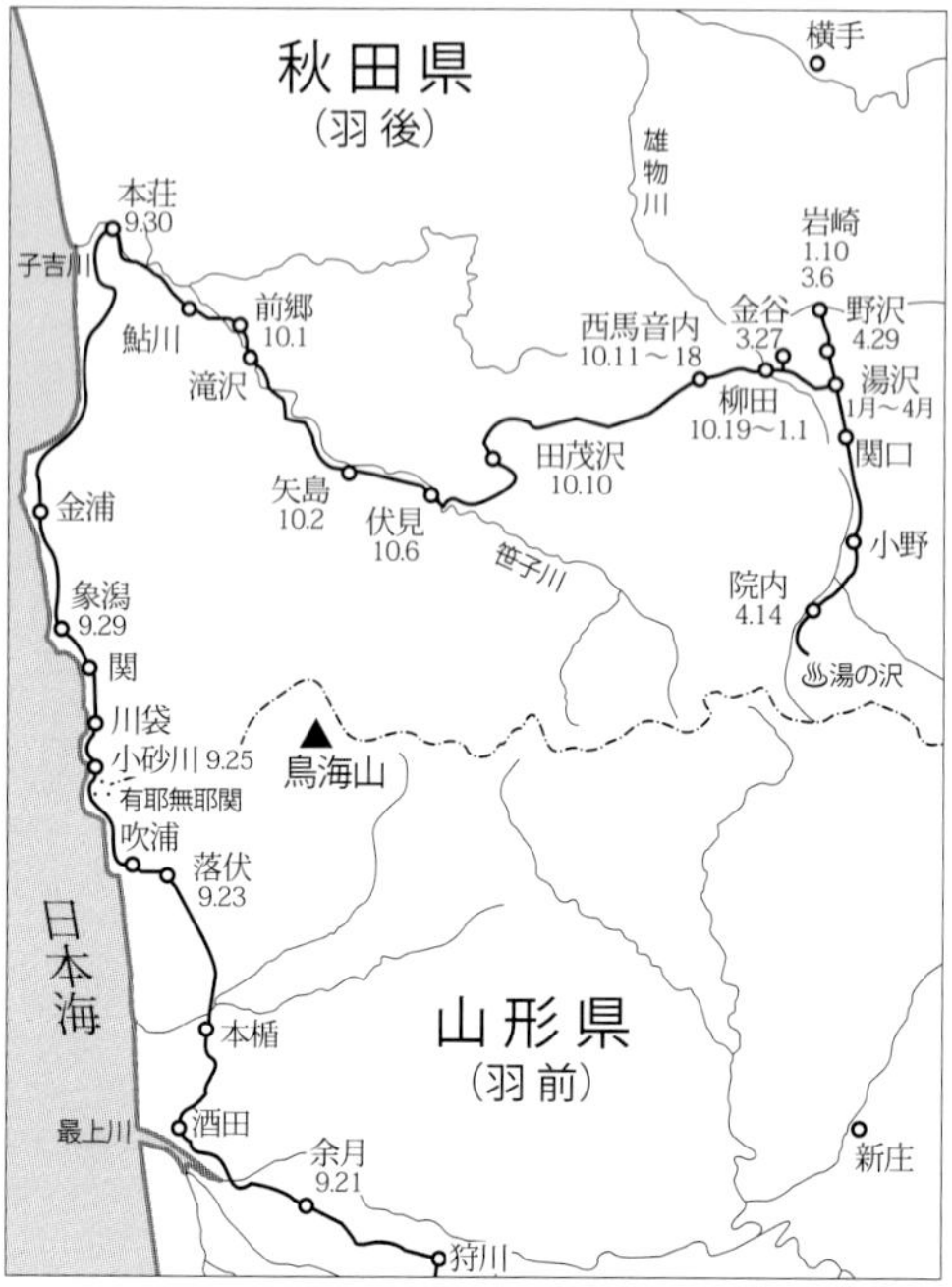

（『菅江真澄遊覧記 1』〈平凡社〉より）

とを知った真澄が、何ら主観を交えた感想をもらさないところが、遊覧記の遊覧記たる由縁なのだろう。

二十五日に吹浦の女鹿の関所で関手形を渡すと、真澄は椿（やぶ椿）の生い茂る岩面の道を下って、三崎坂（現にかほ市）に出る。そこの描写から――。

慈覚大師の御堂は、疱瘡や麻疹《はしか》を軽くすませ守るというので、子のため孫のためと詣でる人がこの御前にうずくまっていた。この御堂の下には手長という毒蛇にとられた人の屍がたくさんあったが、今は岩が落ち重なって見えなくなったという。手長は水の術ももっていたのであろうか。海にはいっては行き交う舟をおしとめた、世にも恐ろしい怪物であったと語り伝えている。坂の半ばを下ると、慈覚大師の御足の跡というのがあり、石の間に、蓮の花のひらいた形と同じだと、道ゆく人が指さして通っていった。

慈覚大師の御堂が現在のどの宗教施設にあたるのか特定できないが、御堂の下にはとんでもない怪物が棲んでいたものだ。ところで、慈覚大師（円仁）（七九四〜八六四）は最澄の高弟で、十五歳のとき最澄の弟子になり、承和五年（八三八）に入唐、五台山・大興善寺などで学び、八四五年（承和十二）に帰朝。帰国後は天台座主として天台宗の基礎を固め、また東国を巡行して多くの寺を建てている。弘法大師（空海）の全国行脚はあまりにも有名だが、円仁の東国巡行はあまり知られていない。円仁は下野（栃木県）都賀郡の生まれで、天長七年（八三〇）には川越（無量寿寺）に茶の栽培をもたらしたともいわれ、もとより東国とは縁の深い人物であったのだ。

海辺に色濃く残る蝦夷の習俗

二十七日には、真澄は芭蕉が『奥の細道』で〝松島は笑ふが如く、象潟はうらむがごとし〟と詠じた名勝・象潟《きさかた》（現にかほ市）に入る。鳥海山を南に仰ぎ、昔から吹浦とともに信仰登山の基地として知られてきた海辺の町だ。柳田國男が『眞澄遊覧記を讀む』の中で「非常に精密な彩色の自筆畫が添へられ」と書いていたのは、日記ではなくて真澄が旅中たずさえていた写生帳のことで、それらは四十三図の絵からなり、その中に一点、ここ象潟から〝出羽の富士〟の異名をとる鳥海山を描いたものがあり、私はそれ（コピーだろうが）を今回の取材中、偶然笹子の道の駅で見ている。手前

笹子道の駅　真澄の道パネル展

象潟の多島海風景（パネル展より）

に青い海と茶色の島（多島海風景）を配置し、同じく茶色の丘陵を中景にしたその奥にドッシリと鳥海山を座らせた構図だ。

　だが、芭蕉が愛《め》で、真澄が写しとった八十八潟・九十九島の美観は、文化元年（一八〇四）の大地震で一変してしまう。地殻の隆起で海は干上がり、青田に小山が点在するというのが象潟の現状だ。大地震の十三年後に象潟をおとずれた泉光院（後述）も、さぞガッカリしたことだろう。そのあたりの感懐は、あとで泉光院自身の言葉で語ってもらおう。

　一方、真澄はここ象潟が心から気に入ったようだ。二十七日の日記から——。

〈前略〉やがて汐越の浦についた。まず象潟がわずかばかり見えたので、「世の中はかくてもへにけりきさかたの海士のとまやをわが宿にして（後拾遺集巻四　能因法師）と誦して、家のあいま、橋の上などから島がいくつも見えるを趣きぶかく思っていると、行く人が「八十八潟九十九森」とうたう。由利郡干満珠寺の西にある袖かけの松の辺に行くと、風の音が騒がしく、あられが降り、また時雨てきて、眼の前の島々はみなくもって、紅葉の色だけうすく照っていた。風が絶えず吹いて、たくさんの島の紅葉を梢から雨よりも繁くふり散らし、釣する海士《あま》は棹をよこたえ、舟を急ぎ漕いで逃げかえるなど、眼をしばしも放せなかった。また雨がしきりに降るので、ある磯の軒により、「ただきさかたの秋の夕ぐれ」と空を眺めて、この里に宿をとった。（傍点筆者）

「ただきさかたの秋の夕ぐれ」は言わずもがな、西行法師の「松島やおしまの月はいかならん」の下の句である。時雨てはっきりしない天気にもかかわらず、島の紅葉が海に降り散る光景や、海士が舟を急ぎ漕いで逃げかえる様子などを見ていた真澄は、「眼をしばしも放せなかった」と素直に白状している。また、真澄は象潟の村人の衣装にも目をとめる。

行きかう人は、アツシ（アイヌの着物）という蝦夷の島人が木の皮でおり、縫ってつくった短い衣を着て、小さい蝦夷刀《まきりという小刀である。蝦夷人はこれをエヒラという》をこしにつけ、火うち袋をそえていた。釣する漁師は、たぬの《手布である》に顔をつつみ、毛笠をかぶって、男女のけじめもわからず、あちこちに舟を漕ぎめぐっていた。

やがて、多くの島は夕霧にかくれて頂きばかりがわずかにみえ、舟人の行く棹の音だけが聞こえてくる。かなたの海面は荒れて、むらがり立つ岩に波がうちあげ、音がすさまじく聞こえる。そのむかし、ここはみな潟であったが、波が砂をはこんできて、このように陸地になった。その島の面影は、岡や低い山のようになって残っているという。この浦の眺めにはただ心がいっぱいになって、涙ばかりこぼれて、ひたすら故郷のことを思った。

十八世紀末の秋田で、ここまで蝦夷の習俗（アッシや小刀）が定着していたとは、意外な気がしないでもない。そういえば、もともと蝦夷の地であった出羽国は、和銅元年（七〇八）に越後出羽郡を設置、同五年に一国となった歴史がある。それにつけ最後のパラグラフを読むと、真澄が相当なロマンチスト、またセンチメンタリストであったことがわかろう。じっさい、「ただ心がいっぱいになって、涙ばかりこぼれて、ひたすら故郷のことを思った」という表現に、感極まった真澄の姿を容易に思い浮かべることができる。

一方で、研究者の誰もが指摘しているように、真澄は後年秋田にきて以降だけでなく、旅に出た当初から、どこへいっても故郷のありかを語ることはなかった。真澄は日記や随筆などを数多く書いているが、その著書のどこをみても、自分の生家の所在をはっきり記したものはない。もっとも、象潟の最後の場面もそうだが、故郷や父母をなつかしく追憶した個所はいくつもあるが、確かな地名はけして出てこない。旅好きを自認する筆者からすれば、旅行記の作者の生誕地が詳しくわからなくても、それはいっこうに構わない。真澄も三河出身であることがわかれば、それで十分である。

橋もゆらゆらとゆれ、身もふるえて

金浦の村をすぎ、芦田川（白雪川）は綱舟で渡った真澄は、夜になって本荘に入る。折しも民家の家災で往来は大混乱。やっとみつけた村外れの宿に落ちつき、翌朝（十月一日）はすなご坂を越えて梅田（現在の埋田か?）に出た。あとは滝沢川（子吉川）に沿って溯り、旧鳥海町方面への内陸の道をたどる。当該箇所を順に引用する。

十月一日〈前略〉みやうち、玉の池、相川《綱舟の渡しがある》（以上本荘市）、たてじ、くろさわ、妙法（以上由利町）、滝沢川の岸部にきた。この水上は鳥海山の峰から落ちて、流れが速いので、舟はくるくるとまわりながら着いた。この夜は前郷（由利町）という村に泊まった。

二日　朝早くでかけたが、昨日の風雨はすっかり吹き晴れてよい天気になった。おみのうち、いかずを経て、小菅野（由利町）というところへでた。

かり沢、なかの岡、山田、上条、きのう渡った川をふたたび渡った。向こう岸とこちらの岸に葛をつなぎわたして、綱引き舟が市日に行ったのであろう大ぜいの人を、ひまなく渡していた。よし沢（由利町）にあがって玉坂、前杉（矢島町）などというところをくだり、矢島の里に泊まった。

現在の本荘市内はだいぶ宅地化されているが、由利町に入れば広大な田園地帯が広がる。その中央を子吉川が蛇行し、鳥海の恵みである豊かな水を湛えて流下している。だから、真澄がのった小舟も、水流の早さにクルクル回って着岸に手間どったのである。今、その豊饒な水量を誇る子吉川に、巨大ダムの建設計画が進行している。私は今回の取材で真冬(二月)の小菅野の丘にひとり立ったが、真澄がおとずれた旧暦の十月二日に比べると、暖冬とはいえ圧倒的な雪の深さで、それはそれで季節違いの感慨を覚えた。

小菅野集落

三日　霜がすさまじい。水はみな凍っていたが、空はあたたかく、いわゆる小春日和であろう。きょうは旅の疲れだろうが、気分がすぐれず、昨夜の家に休んだ。この里から潮越(象潟)に行くには山を下ればたいそう近いというが、雪の降るのを恐れて、本荘《本荘に行くには四十八町を一里として十二里の道を行くとか。山道を行けば六里の道で潮越にいたるという》をまわってきた。魚を売る漁師が帰ってきたが、はたはたという魚を商うのである。ほかの国では見かけない魚である。この鰰《はたはた》という魚は、冬の空が

小菅野の真澄歌詠みのボード

真澄の道　道標

かき雲って海が荒れに荒れ、雷がなったりすると、よろこんで群がってくるという。そのゆえか、世間で、はたた神といっている。それで、このあたりは冬にはいって雷がたびたび鳴った。南の国とは異なる空模様である。はたはたという字も、魚と神をならべて書いている。

四日　鰤や、そのほかいろいろの魚を売る市がたった。

五日　二箇部《にかぶ》《潮越のあたりの浜をにかぶという》に生まれたという商人が言った。過ぎて来られた川袋（象潟町）という所の辺に、白糸の滝など名所が三つある。これは鳥海山の峰から落ちて滝となり流れている。それにかけ渡した白木橋というのが、尋ねておられる奈曽の白橋ですというので、「いではなるなそのしらはしなれてしも人をあやなく恋わたるかな」（夫木集）とよまれた名所はここであったのだ、多くの人に問いながら、知らずに過ぎてきたのは残念だった。

前半に真澄が雪を恐れる話が出てくるが、同じ暖国生まれの筆者も真澄と同じ状況におかれたら、やはり遠回りでも雪のない海岸ルートを選んでいたに違いない。身につけたことのないカンジキを履くことひとつ考えても、真澄は迷うことなく海岸沿いの迂回路を行っていただろう。「霜がすさまじい」のひと言が、真澄の寒さに対する苦手意識を雄弁に物語ってはいまいか。その真澄がその後、そうした寒い雪国（秋田）で四十八回の正月を深い雪とともに次々と迎え、ついに七十六歳をもってその一生を角館で終えたのだから、人の一生とは不思議なものである。
それにつけ、真澄は歌の好きな旅人だ。五日の項には『夫木《ふぼく》和歌集』の歌が出てくるが、これは藤原長清の編（つまり私撰）で、延慶二年（一三〇九）～同三年ころの成立。『万葉集』以後の歌で諸撰集に入らなかったものを自由な立場で集めたものとされる。真澄の趣味がうかがわれるところだが、秋田のド田舎（失礼！）の宿でこの歌を知っている商人と出遭うところに、真澄の、そしてこの遊覧記の真骨頂があると思えてならない。

六日　里を過ぎ山を越えると山川があった。昨夜の雨に増したのであろう。水が深く舟も渡さないので、伏見村に宿をとった。乙女らが薪をくべ、むまた《科《しな》ともいう木である》という木の皮を糸によって、袋をつくるといって、これをつむじという物に巻き、手しろ《手代という》ですりまわし、また藤葛を糸によるといって、夜なべ仕事をしていた。この手しろの音ばかり枕にひびいてくると思ううち、眠れず鶏が鳴いた。
七日　きょうもみぞれが降って、舟は出すまいと言いあっているうち、雪がひどく降って往来も絶えるほどの天気になった。
八日　きのうから雪がこやみなく降りつもり、藁屋の軒の高さになって、竹の林などはかくされて岡のようにみえた。
九日　屋根の上から雪がくずれ落ち、地震のように震動した。日がほのかに照って、梢の雪も少し散り、むら雀があちらこちらにすみかをもとめている。

矢島で四泊した真澄は、ついに伏見村（旧鳥海町）にやってくる。日記によれば、川が増水し、舟も動かないので、やむなく伏見に泊まったことになっている。宿所としたのはいかにも山里の農家で、そこの娘たちは夜なべ仕事に科《しな》の糸を使って袋をつくっていた。作業の音が枕に響き、この夜、真澄は結局一睡もできずに一番鶏の声を聞いた。その後も悪天候が二日も続き、ようやく三日目（九日）に入って、日がほのかに照りはじめ、むら雀が騒ぎ出した。

十日　道が断たれたというので舟にのって川ひとつ越え、雪の中の路をかきわけて行くと、棧橋《をさ》といって木の間遠に並べあんだところに深く雪がかかり、日が照って半ば消えているので進んでいった。見るさえ恐ろしい谷川のとどろき流れるさまに、人にたすけられてかろうじて渡ると、橋もゆらゆらとゆれ、いよいよ身もふるえてようやく渡り得た。また崖などを下ると同じく、はしごをおりて、息つく間もなく汗をおしぬぐった。やけ山（八木山か？）というところを越えようと、雪の高峰をおりたりのぼったりしてゆくうち、思わぬほうに道を踏み入れたが、木樵《きこり》が通ったあとであろうか、人のとおった跡がいくつもみえたので、あれか、これかとまよっていると、越中の国からきた薬を商う男二人が先にたって行くのを案内に、その後をついて行った。

　かんじきというものを履いて、積雪の凍った上を木材をひき落とす木樵に問うと、この山を下ればおくにです《秋田領をいう詞《ことば》である》と、ていねいに答えた。そりに木材を積んだものが、たまに行きかうばかりで、ほかに通う人影はない。また山を下ると道はどこなのであろうか、あちらこちらに踏みつけてあるのは、熊や猿などの獣のふみわけた跡だという。はるかな谷底に人の住家があったが、雪の下になって、煙ばかりが細くたちのぼっている。ようやく山をおりると、路のかたわらに大雪にかくれず、たいそう高い柱に半ばから貫木をさし通して、田畑のものを盗み取った者は、この柱にくくりつくべしと書きつけてある。これは村の入口にみなだされている。いちにちじゅう雪路を難儀して、たむろ沢という、家が三軒の村に宿をもとめた。滝の糸でもみるように垂氷のかかっているのに夕月の影がさやかにうつるのを仰いで、眺めた。

十一日　きょうも一日、雪の山路をわけてたどりながら、雄勝郡西馬音内の庄、にしもないの里（雄勝郡羽後町）についた。


　真澄の十日の移動ルートは、今地図で見るとそれほどの難コースとも思えず、距離も大して長くはないが、〝雪の山路〟が想像を絶する障害として南からの旅人の前に立ちはだかった。この部分は、この特別の一日は、やはり『町史』の編集子の名調子で解説してもらうべきだろう。

この時（伏見滞在中）、一夜にして雨が霙《みぞれ》、そして雪となり、珍しい大雪となった。さすがの彼も、わびしい宿に四日間を過ごさなければならなかった。ようやく赤沢の渡しを越して、途中、笹子川にかかるつり橋に肝を冷やした。「見るだに恐しき谷川のよどみにかかる」棧橋を渡る時には「ようよう人に助けられ、からうじてわたる」ほどであった。その彼を驚かせた場所は、笹子川のどの辺であろうか。八木山を越しての雪の山道――折よく越中富山の薬売りと一緒になり、その人達の案内で雪の山路を登る。両側にせまる山峡の雪の細道。これが人の道かと思われるほどに細くさだかでない。雪の山路を履き慣れないかんじきに足を滑べらせながら登る。途中、時々出あう人は炭焼き人か木を伐る人達か。「あなたこなた」と道に迷い、ようやく山の尾根づたいの道に出る。「はるけき谷そこにすみかありける」とは村木のことであろう。重なる山なみの谷底に、ただ煙だけが細く上っている雪の中の住家三軒。この地に住む人達の生活のわびしさを深く感じたに違いない。

ようやくたどりついた峠を少し下ったところに見た奇妙なもの。それは高い柱に貫木《ぬき》を通した十字架のようなもの。その側に立つ立札「田畑のもの盗みとった者は、此の柱にくくりつくべし」と書いてある文字に、この山中に住む人達の掟の厳しさ、飢饉に悩む村民の苦しさをまざまざと感じとったであろう。その日は疲れて、田茂の沢に一泊。翌日もまた雪、思いがけない雪路に苦しみながら、ようやく西馬音内にたどり着いた。

真澄にとっては、東北の冬――わびしい雪の山道を歩む苦しさ、難しさを体験した最初の旅路であった。

八木山越えの絶体絶命のピンチを救ってくれたのは、売薬の旅の途中である越中富山の薬売りだった。最近でこそ彼らはバイクや車を使うようになったが、個別訪問の売薬スタイルは今も当時と変わりがない。この山道で折悪しく薬売りに出遭わなかったら、真澄が無事西馬音内にたどり着けた保証はない。それはともかく、真澄の晩年は、秋田藩内の各地を巡り歩き、調査に明け暮れる日々を過ごしたが、なぜか由利の地には再び訪れることもなく、したがって彼が由利の地を通ったのは天明四年（一七八四）十月の、このときだけであったのである。

象潟の　名のみ残りし　暑さかな

さて、真澄が由利の地を通った天明四年から三十二年後の文化十三年（一八一六）、日向国の老修験者が同様に南から海岸沿いに北上してきて、鳥海山に参詣し、その後吹浦、象潟を経て本荘に入っている。そこからは真澄と同じく八島（矢島）に出て、旧鳥海町を下川内→小川→大平→笹子と進み、及位《のぞき》峠（甑《こしき》峠越え）を経て中田（山形県金山町）へと抜けている。

この日向の山伏、つまり泉光院野田成亮《しげすけ》、真澄とは別の意味でただ者ではない。泉光院は日向佐《さ》土原《どわら》の山伏寺・安宮寺《あんぐうじ》の住職で、修験者としての院号が泉光院なのである。四十八回の正月を雪国

（秋田）で迎えた真澄も途轍もない人物だが、泉光院の旅も破格だ。文化九年（一八一二）九月三日に佐土原を出発、ふたたび故郷佐土原の土を踏んだのは、六年二カ月後の文政元年（一八一八）十一月七日だった。その間に南は鹿児島から北は奇しくも秋田の本荘まで、仏教僧侶の乞食修行である托鉢をしながら歩き通したのである。

前にも書いたが、当時の修験宗には、京都の醍醐寺三宝院に属する真言宗の当山派、聖護院に属する天台系の本山派、そして密教系の出羽の羽黒派の三大宗派があったが、泉光院は当山派で、安宮寺は直末《じきまつ》寺院といって、三宝院門跡に直属する高い地位の寺院だった。直末寺院の住職である泉光院は、最高位の山伏だった。当山派の階級は五段階に分かれていたが、泉光院は最高位の大先達で、日向地方一帯に住む数十人の山伏を支配すると同時に、佐土原二万七千七十石の大名である島津家から二十七石の禄を受ける家臣でもあり、家中では武家としての扱いを受けていた。

野田泉光院像（宮崎県立図書館蔵）

山伏でありながら武家？　ちょっと不思議な気がするだろうが、それには理由があった。野田家は薩摩の島津家に仕えた武士の家柄で、もともとは薩州出水《いずみ》の野田庄（出水郡野田町）を領地としていたが、九代前の先祖である野田中納言が、主君の島津忠将の肝付兼続《きもつきかねつぐ》討伐に従軍して戦死。中納言はそのときまだ十六歳で跡継ぎがなかったため、家臣の家が絶えるのを惜しんだ忠将の奥方、宝厳院殿が自分の甥である佐多庄右衛門の名を野田重清と改めて、野田家を継がせたのである。同時に、戦死者の菩提を弔うために山伏の修行をさせ、安宮寺を建てて初代住職としたわけだ。

修験者には僧侶としての分限もあるが、純粋な仏教の僧侶とは異なり、いわゆる半僧半俗だから、妻帯して子供に家系を継がせるのが普通だ。泉光院も安宮寺七代目長泉院野田重秀の子として生まれ、八代目住職の地位を継いだのだった。旅の日記（『日本九峰修行日記』）に最初のうちは長泉院と名乗っていて、途中から泉光院と変わるのは、ある時点から長男が長泉院で登場するから、その時点で自分の院号を譲ったことがわかり、みずからは祖父の院号である泉光院にもどしたと想像できる。

前置きが長くなりすぎたが、由利の地、矢島入国までを、今回は石川英輔（著）の『泉光院江戸旅日記』（講談社）（以下『江戸旅日記』）をガイドとして、泉光院の旅を再現してみたい。山伏らしく、泉光院は修験宗羽黒派の聖地、出羽三山への登山を済ませ、文化十三年七月十六日には、次なるターゲット・鳥海山へ向けて、庄内平野を一路北進。その場面を『江戸旅日記』から引用。

泉光院が歩いたコース

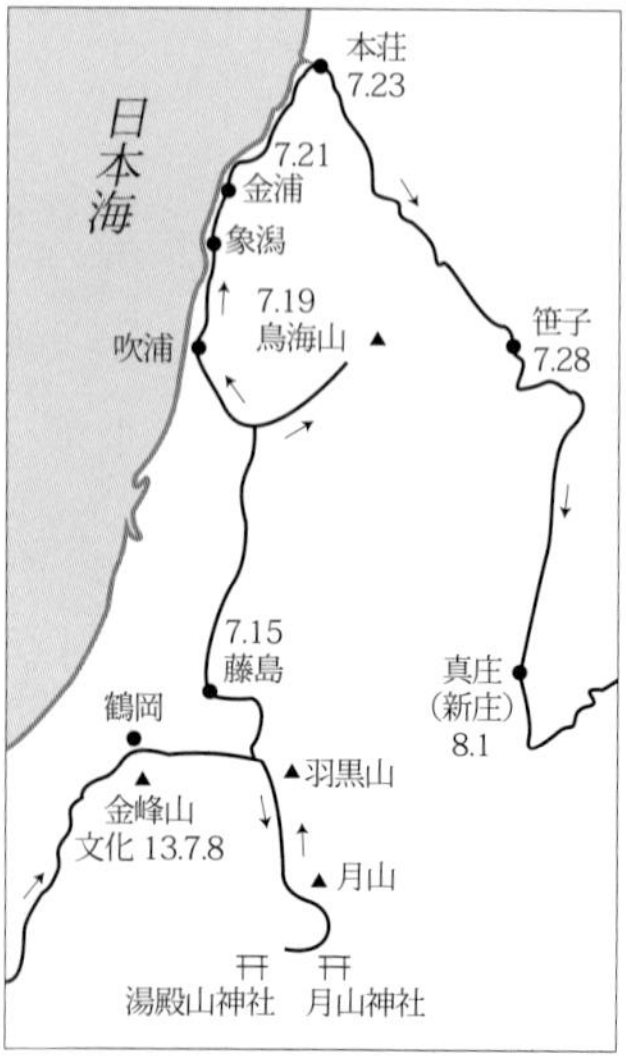

（『泉光院江戸旅日記』講談社より）

十六日、次の目的地の鳥海山へ向かって北上して行くと、道端の辻堂の中から、休んでいきなさいと声をかける人がいる。われわれは、三山登山人だというと、茶、神酒を出してくれた。夕方、雨になったので、庄屋の家へ行って今夜の宿を頼んだところ、ここでは旅人を泊める習慣がないといってことわられた。困っていたところ、例によって隣の家で、――拙宅へ宿したまえ――といって、泊めてくれた。橋村（飽海郡平田町楢橋、又は石橋？）の忽十郎宅。日本国中どこでも同じである。「こちらは善人だが、庄屋は、大ウソツキの悪人だ」と泉光院は怒っている。
（傍点筆者）

泉光院の反応はとてもストレートだ。旅人を泊めてくれない庄屋は大ウソツキで、逆に困っているところにサッと手を差しのべてくれた忽十郎は善人となる。それとは別に、三山登山人という称号も、荘内あたりではけっこう尊敬の的になっていたのだろうか。ところで、石川の地の文《じ》に「われわれは」という表現が出てきたが、これは泉光院と彼の同行者（供）の平四郎を指す。平四郎は形の上では泉光院と主従の関係にはあったが、けして主の言いなりにはならなかった。理屈は言うし、平気で別行動もとる。泉光院は『日記』の中で時に、本気で腹を立てて書いている。わざわざ連れて出ただけはある、個性派のお伴であったのだ。『江戸旅日記』を続ける。

十八日、托鉢しながら、鳥海山の宿坊、南の坊（遊座町上蕨岡）まで行って泊まった。主人は当山派の修験だが——山伏のことは、いっさいわからず——の人だった。十九日、夜中に南の坊を出発して鳥海山に向かった。ここも先達《せんだつ》（案内人）のいる土地だが、同行者がいるので自分たちだけで登ることにした。入山料と木賃で二百文。馬返しまで四キロ、さらに十五、六キロ登った所に登山者を改める番所があり、通り切手を出した。入山料を払わない者を通さないためだろう。頂上は、番所からさらに二十キロあり、七合目から上は雪が残っていた。頂上には鳥海大権現（大物忌神社）があった。晴れていたので、津軽、南部、秋田の城下、最上《もがみ》、仙台まで一目で見えた。昼過ぎ、宿坊へ帰った。

ここで驚くのは、泉光院の健脚ぶりだ。十九日の早暁に南の坊を出発し、片道四十キロほどある登山道を登り詰めて頂上の鳥海大権言を参拝し、同じルートで同じ距離を下山し、昼過ぎには南の坊に帰り着いていたというのだから、唖然とする。山伏として、一生のうちに紀州大峰山の峰入《みねいり》修行三十六度、奥駈《おくがけ》修行十三度を経験している泉光院だからこそ、こんな離れ業のような登山ができるのだ。だから、先達を雇う必要もなかったのである。

新暦でいえば九月上旬にあたる時期なのに、鳥海山の七合目から上には雪が残っていたとあるが、思い出すのは真澄が旧暦の九月二十七日に象潟に入り、例の写生帳に描いた鳥海山はすでに山全体がまっ白だった。やはり東北の山は冬仕度が早く、夏でも消えない雪を残していて、さぞ泉光院も驚いたことだろう。だが、夏山の雪についてては泉光院は何もふれておらず、山伏の大先達にとっては、とり立てて珍しいことではないのかもしれない。

鳥海を下山して、樽川村（不明）を経由して、二十一日には福原（吹浦）に入る。同じく石川の『江戸旅日記』から引く。

二十一日、福原の大物忌の宮（大物忌神社）参詣。鶴ヶ岡城からの番所があり、ここで女鹿《めが》の関所を通る出切手を受けなくてはならない。茶店の主人に頼んで取って来てもらったが、三十五文かかった。四キロ行って関所を通ったが、ここでも切手改め銭と称してまた三十五文取られた。「番所も関所も、銭さえ出せば往来手形など見せる必要がない。両方で旅人の銭をむさぼり取るだけだ。鶴ヶ岡城主（この時、酒井左衛門尉忠器《ただかた》）は、御老中もつとめた家柄なのに、行き来する旅人を悩ますのは、役目に似つかわしくない」〈中略〉

女鹿の関所を通って十五、六キロ行くと象潟へ出る。芭蕉も「松島は笑うがごとく、象潟は怨むがごとし」と書いたように、ここは松島に並ぶ名勝だったが、わずか十三年前の享和三年（一八〇三）の鳥海山の大噴火で土地が隆起したため、かつての島々は田の中の小山として残るだけとなった。泉光院も「象潟の　名のみ残りし　暑さかな」と、絶妙な一句を作った。

ここでは泉光院の番所と関所に対する批判が痛烈だ。鶴岡の酒井の殿様もコテンパン。相手が権力者だろうが、言うべきことは言い、しっかり物申すというのが『九峰修行日記』、つまり泉光院の社会に対するスタンスなのである。後半では享和三年の象潟の異変のことがふれられ、見事な一句で締めている。

元弘寺をおとずれた泉光院の感想は？

二十三日には六郷家六万石の本荘城下（本荘市）に到着、その日は滝沢（旧由利町）で一泊、翌日、托鉢しながら八島（矢島）に入る。ここからは『日本九峰修行日記』の原本に近いと思われる日本庶民生活史料集成第二巻から、生の日記を引用する。『鳥海町史』も同じパートを引いている。


廿四日晴天。滝沢立辰の上刻（九時）道々托鉢、八島町へ夕方着。立町（館町）長次郎と云ふに宿す。此辺にては、婦人老若共、作方へ出るに襦袢（じゅばん）に股引に出る。帰りの時は、股引はぬき、襦袢計《ばか》りにて帰る。尻迄ある衣物なれば、立居に淫門出れども、何の恥かしきとも思わず、田舎者の東夷《あづまえびし》共、思ひやらる。

廿五日晴天、当所に竜源寺と云ふ曹洞禅寺あり。当住覚秀和尚とて、此辺の知識と云へり。同宿越中の大社順拝の者、予が合力平四郎と血脉《けつみゃく》申請度とて参たり。予も詣る。馳走あり。当寺は城内故に、旅人入る事引合等甚だ六かし。昼過旅宿に帰り洗濯などする。予は仁王一部。

廿六日晴天、朝当町托鉢、当地は米至て下値にて、白米一升二十六文宛也。今日迄滞留せよと家内中申すに付休息す。月の出に弥陀の来迎とて夜中に起きて拝す。霧に月の柱ら移る事也。当所より羽州秋田城下へ赴く筈の所、残暑強く又、砂道なり。今年は凶作にて難義に及ぶ旨皆々中に付、延引す。津軽南部勿論也と云ふ。因てオソレ山計りに詣る筈に定む。

まずは矢島の三日間だけを見てゆく。『鳥海町史』の編集子はまず、泉光院の文（日記）について、「真澄とはまた異なった味を持っており、いかにも修験者らしい文であり、観察の仕方である」と評価する。その上で、以下のような反論を展開する。私は痛いほどこの編集子の気持がわかる。

矢島で（泉光院が）驚いたもの二つ。一つは農作業を終えて帰宅する婦人達の服装と態度である。時は九月の末とあるから多分稲刈り作業を終えて帰宅する女人が、尻までの短い作業襦袢、股引を脱いで白肌の足をむき出しで通る姿を見てそれを一概に田舎者、東夷などと、すべてかかる風習ありとして悪評を与えた彼の言には賛成し難い。

当地方にも婦人のこのような作業姿が最近まであった。しかしすべてが「淫門――」の状態ではなかった。驚いたもう一つに「当地は米至て下値にて、白米一升二十六文」とある。これにはその土地の経済的、政治的条件と豊凶の出来合いが加わってその値段は決まる。試みに金浦年代記にある文化年間の米の作柄をみるに、文化年間は十、十一、十二の三カ年だけは凶作とあるが、他はすべて上作の連続となっている。したがって文化年中は由利地方は米の全体量には不足がなかったといえよう。せめて、こうした上作の年だけでも米値段を安くし、庶民の生活に潤いを与えたいとする藩の経済政策の温かい現れではなかろうか。

『鳥海町史』の編集子は、本当に誠実な人物なのであろう。農作業の服装に田舎者・東夷などとケチをつける泉光院に対して、毅然と反論し、また当地の米の安さは藩の経済政策の温情のお陰とフォローする。面白いのは、泉光院の当初の計画では、次の目的地は秋田の城下だったが、残暑が尋常でないこと、海岸に沿ってのぼる道はすべて砂道で歩きづらく、さらに今年は凶作が予想されるからと、あっさり秋田城下行きを諦めてしまっていることだ。この先北には、参詣に値する重要な霊山や寺社がなかったことも、こうした潔さにつながったのかもしれない。

日本庶民生活史料集成から、残りの鳥海町パートを見てゆく。

廿七日晴天、八島立辰の刻。元光寺（元弘寺）と云ふ修験寺へ行く。至ての田舎也。又小川村と云ふに分峯寺と云ふ修験寺あり行く。世事には賢く、法には疎《うと》し。直ちに立つ。半道計りにして、宿求むる処一軒も宿なし。夜に入る気はせく、然る処ろ一人の男に出合ひたり。其男宿やらんと云ふに付、同道し行く。大平村休七と云ふ宅。

廿八日晴天。大平村立。辰の刻。道々托鉢。笹子村と云ふに行きたる所。今晩は拙宅に宿参らせんと云ふ者あり、因て宿す。伊七と云ふ者の宅也。宿の有無は其日々の風次第なり。

廿九日晴天。笹子村立。辰の刻覗《のぞ》きと云ふ上下四里の峠を越し、中田と云ふに宿す。

二十七日、泉光院がまっ先に向かったのは、矢之本の元弘寺だった。矢島修験の大先達の家柄で、大井五郎の祈願所（天正年中）でもあったあの元弘寺である。当時は、明治二年に復飾して弘任を名乗った尊隆の三代前、永隆が大先達だった時代にあたる。泉光院はただ「至ての田舎也」と書くのみだが、果たして永隆には面会しているのだろうか。あるとき、安幸さんの長男で、現在神主の仕事見習い中の弘之さんが、こんなことを言っていた。

「（泉光院が）そんなに偉い方だと知っていたら、ウチの先祖ももっと違う接し方ができたと思うんです。今さら言っても仕様がありませんが……」

弘之さんが残念に思う気持もわからないではないが、泉光院にしたところで、元弘寺の修験寺としての格の高さを知っていたのだろうか。前にも書いたが、往古より二十一年毎に宮殿を建て換える遷宮式には、正面の右には大先達觸頭の元弘寺が着座することに決まっていた。今回の旅で、泉光院も庄内の蕨岡の南の坊に泊まっているが、その蕨岡の先達でさえ遷宮式では正面左が定位置であったのだ。泉光院の「至ての田舎也」のひと言には、どんな思いが込められているのだろうか。

ここでも『鳥海町史』の編集子の声を聞いてみよう。

宿泊した所は、矢島の館町の長次郎、大平村の休七、笹子の伊七。いずれも農山村地帯の人の純真さがあふれている。「今日まで滞留せよと家内中申すにつき――」、「夜に入る気はせく、然る処に一人の男に出合い、其男宿やらんと同行す」、「今晩は拙宅に宿参らせんと云ふ」という三者いずれも厚意あふれる行為である。しかも相手はいずこの者とも知れない、そのうえ無銭の托鉢である。この人達の温かい思いやりを野田成亮（泉光院）はいかに感じとったであろうか。この日記の短い文からはその意は感じとることができない。

小川村の分峯寺という修験寺は合掌寺であろうか。訪れて「世事には賢く、法には疎し」とはまさに酷評である。「直ちに立つ」とあるからには、ただ立ち話のうえでのことであろうに――

こう見てくると、泉光院は江戸期の社会制度の中に生きた堅苦しい人間というよりも、それを楽々と乗り越えて、むしろ奔放を通した自由人といった風情がある。『鳥海町史』の編集子が指摘するように、身勝手、短絡的なところもあるが、それはある意味、山伏の大先達でありながら島津家の家臣でもあるという育ちのよさ（高さ？）からきているのかもしれない。ともあれ、真澄と泉光院の両者には、いま少し地元の情報を細かく収集して、山間の百宅に分け入るくらいのゆとりを持ってほしかった。

仮にふたりが当時の百宅をたずねていたら、いったい日記にどう書きとめただろうか。たぶん、それぞれ対照的な印象を刻んだはずだ。そして、真澄は例の写生帳に間違いなく、間近に仰ぎ見る鳥海山を写しとったことだろう。

第五章　親の真情をうつす〝執子〟の風習

大般若経六百巻読誦の心願

ここでは修験と庶民の意外に深い結びつきを考えたい。その前に近世の修験道をおさらいしておくと、慶長八年（一六〇三）、三宝院門跡を棟梁とする近世の当山派は、当山方支配に反発する本山派との間に相論をおこす。その結果、慶長十八年（一六一三）に修験道法度が制定され、聖護院門跡を法頭とする本山派とともに、醍醐寺三宝院門跡を棟梁とする当山派が幕府の公認を受けることになる。

鳥海山でいえば、矢島修験は最初から当山派に属していたが、山形県側すなわち南麓一帯は、厥岡の学頭一院衆徒三十三坊をもって一山を組織し、すべてこれを鳥海山龍頭寺と称して、学頭龍頭寺光岩院は、本山派でありながらも醍醐寺三宝院に属し、その配下の衆徒は当山派となり、しかも本山派の順法の法式をもって修行した。ちなみに、この法式の順・逆はどのようにして決まったのだろうか。それは紀伊の熊野から大和の大峰に入ることを順峰と定め、これを実践するのが本山派、片や大和の大峰から紀伊熊野に入る（抜ける）ことを逆峰の峰入と称し、当山派はこちらの法式に

福王寺

福王寺

準じた。この考え方を鳥海山に移して、南の山形県側から登る修験衆は順峰、逆に北の秋田県側から入る修験法式は逆峰とされた。

逆峰の矢島側は福王寺を学頭とし、配下に十八の院坊を組織し、世にいう鳥海山修験十八坊とした。何度も書いてきたが、なかでも矢ノ本の元弘寺は大先達の威光とともに、特に逆峰修験衆徒の間に別格を誇っていた。江戸期の修験の実態をさぐる上で貴重な記録が、元弘寺家系写の中に出てくる。その部分を引く。

〈前略〉貞享元甲子年（一六八四）、三宝院ヨリ如往古《おうこのごとく》当峰可為大先達《だいせんだつたるべき》旨、御証拠拝領仕候ニ付、毎年九月八日ヨリ十月ニ至ル三十日間、峰中ニ於テ修行ヲ積タル衆徒ニ対シ坊号ヨリ大先達マテ十二階ノ範囲ニ於テ階級昇進補任状、当家ヨリ差出来候。其位階ハ三宝院宮ヨリ受クル官職ニ異ナルコトナシ。同年十一月十一日、御門主御名代品川寺ヨリ鳥海山峰中修行法式、如往古当山法流可令相続《そうぞくせしむべし》之旨、三

宝院御門跡御下知可相守旨《あいまもるべきむね》御証文拝載仕候。

ここに語られていることは、三宝院から直接元弘寺に「往古の如く大先達たるべき旨」の下知があり、そこで貞享元年（一六八四）以降、元弘寺が主唱し、毎年、逆峰中の衆徒を木境神社に集合させ、厳格な修法、厳しい修行を課したとされる。その中身は、世俗とは異なる荒行三昧の内容で、まさに地獄道の修行と恐れられた。『鳥海町史』の表現を借りるなら――

旧元弘寺の三森さん親子

〈前略〉冷水に浴し滝に打たれ、日に登山数回、食を絶って山頂での修法、日に千把の柴を刈る作業など、その厳しい修行に耐えかねて逃避する者さえもあったという。その者は発見次第、殺害されたとの伝えさえも遺されているほどである。その修法に耐え修行をなし終えた者には、大先達の元弘寺から、それぞれ十二階級の院坊号が授与された。こうした修法は、明治初年太政官政府によって修験道が解体されるまで続いた。

こうした修行の厳しさだけをみていると、一般庶民との接点はなかなか見えにくいが、山伏たちはまず修験道の前提として、ここまでみずからを鍛え抜いていたのである。一般との関わりを語る前に、世に言う修験十八坊とはどんな寺であったのだろうか。十二階級の院坊号が右のような条件により規定されていたため、年代によって坊に消長があり、数も一定していなかった。たとえば、宝暦六年（一七五六）に院坊号を授与された坊の数は、元弘寺を筆頭に三十カ寺に及んでいる。その中には提鍋の持福院（覚王寺）、直根の観喜院、それに百宅の万宝院などがふくまれている。うれしいことに、百宅にもしっかり修験寺があったのである。

もうひとつ、宝暦六年から八十七年たった天保十四年（一八四三）の古記録をみてみると、大先達の元弘寺をふくむ二十七カ寺が挙がっている。このときも直根の観喜院、百宅の万宝院はぬかりなくリストアップされていて、加えて笹子の五カ寺が異彩を放っている。宝暦時にも笹子からは五カ寺に院坊号が授与されていて、笹子には伝統的に修験に対する取り組みの積極性がみられる。

ところで、矢島逆峰の修験には、内六躯・外六躯の制があり、さまざまな役割がわり振られていた。その役職によって衆徒は内・外・股の三つに区別され、内は第一級の衆徒、外は二の丸に相当し第二段に属し、ともに真言派による一種の役職にまつわる階級とされた。

なお、ここで紹介した古記録もそうであるが、検地帳その他の文書でも、十八坊以外の修験坊と思われる寺名が出てくる。これらの修験坊はいくばくかの田地を耕作しながらの修験レベルだったようで、加持祈禱を主とし、ときには遠く他領へまでも巡回し、護符を配り歩いていたらしい。

庶民を巻きこんだ修験道最大の行事といえば、〝笈渡《おい》し〟ということになろう。鳥海山では承応元年（一六五二）ころ、仁乗上人が創始したとされ、「山神其外悪魔霊ヲ祭リ、或ハ供養スル」趣旨が、のちに「天下泰平、御領主公御武運長久、領内堅固、五穀成就ノ御祈禱トシテ修験懺法ヲ奉読《どく》誦《しょうたてまつり》候」の大行事となり、領内山麓の各村にあまねく普及し、修験道の一大行事となった。仁乗（二乗）上人については、明徳二年（一三九一）に京都の三宝院からきて、「鳥海山大権現縁起」をおこした、とする説もある。

さて、笈渡しの行事の中身はといえば、毎年または隔年に、矢島口登山道の二合目、鳥海山の里宮・木境神社で修行僧たちが三十日間参籠して祈禱を行うのが基本。笈そのものは御神体そのものであり、母胎をあらわし、それを担う紐は〝胞衣《えな》〟を意味する神聖なものとされる。この逆峰の重大行事は、山麓十八坊の衆徒の当番制により実施された。当番にあたった修験者は、その前年から準備に忙殺されたという。

一太郎さんに紹介されて提鍋の覚王寺（現大日宮神社）の宮司、榊豊昭さんをたずねたとき、さまざまな古資料を拝見した中に「笈渡御祭礼ニ付従旦中得物記録」というのがあった。

「これは、覚王寺が享保十五年（一七三〇）に笈渡しの当番にあたり、その前年に行った準備の記録であり、これを嘉永三年（一八五〇）になって頼慶の代のときに、やがて順番がくる笈渡しの参考のためにと、頼慶がまとめてくれていたんです」

と、榊さん。これによれば、藩公御一門・家老をはじめ、家中残らず、さらに広く領内各郷まで、

旧覚王寺の資料

旧覚王寺の榊さん

牛王祈禱の神札を配布し、その浄財寄進に努力したことがわかる。文字どおり、領内挙げての大修験行事であったのである。ちなみに、ここに出てきた頼慶は覚王寺最後の修験者で、慶応三年（一八六七）に、大般若経六百巻を読誦する心願をたてた道者として知られている。そのときの趣意書が残されているが、そこには修験僧頼慶の国家安穏、衆生済度を祈念する真意が文中に横溢している。当時の修験僧の宗教に対する帰依が、手にとるようにわかる。

欲調大般若経願文

恭惟に大般若経の利益広大無辺なる事は、皆能く人の知る所にして、比般若波羅密に帰依すれバ、前世の罪業消滅し、今生の災難悉除するの功徳ありて、此経は諸仏の父母也と云。拙僧全部六百巻を調得て読誦仕度、多年心願有之候得共、此価も莫大なれば、拙僧可薄福承力《ふくにうすくちからをうけたまわるべき》の及所にあらす。因て今般普く信心の御方に願ひ此資材を以て、上件の心願を成就仕度奉存候。伏て冀十方信心の御方拙僧か懇志を憐ミ、金銀米銭の多少を論せす施入喜捨し給ハヽ、鳩る所の資材を以て、速に六百巻を調へ、毎巻に施主の御姓名を記し、永代年々三月廿五日より開白、四月朔日を結願と定め、七日間但し小の月ハ三月廿四日より当山の大日堂に籠り、大般若経真読并ニ柱源神法護摩廿一箇の修行致し、結願の日には、六百転読、右之御姓名を唱へ、五穀成就、又家内安全、子孫繁栄、諸の災難悉除の為丹誠を抽て、密法を修し、福寿円満の祈禱仕候。殊ニ当山に安置する所の大日如来は、子孫繁栄を守護し給ふ御誓願なれバ、出産并ニ痘疹を軽く救ひ給ふ。其霊験新なる事は、信心の人知る所なり。故ニ右七日の間は、尊像の扉を開き、参詣の人に拝せしむる者也。抑有信之御方施入喜捨し給ふ資材に多少あれとも、此経文の擁護を以、災難を免れ、福寿を得給ふ利益ハ、広大無辺なるへし。経に日、般若真空の妙智は衆生の信心に応現する事、月の水に映るか如しと云々。偏に冀ふ有信の御方拙僧か懇志を憐ミ、多年の心願を逐しめ給へと。

敬白

慶応三年丁卯三月

提鍋村

覚王寺

頼慶

慶応三年（翌年が明治元年）という時代背景を考えると、頼慶の大般若経真読の本意は、開国に伴って揺れ動く目先の国家の安全が、もっとも精神的重圧としてのし掛かっていたのではなかろうか。そこに五穀成就、家内安全、子孫繁栄、諸の災難悉除《しつじょ》を加えて、全藩民の運動としたのである。この願文に対して、寄進を申し出た人たちの記録もまた榊家に遺されている。第一・二巻は藩公並びに御一族、以下御殿女中、藩士町人、村民に至るまで、こぞってその趣意に賛同し、それぞれ応分の浄財を寄進したことがわかる。なお、藩主をはじめ庶民たちの誠心こもった喜捨により調えた経典は、明治五年、太政官政府の布告による神仏混淆の禁止、修験僧の復飾令による修験道が廃止となり、覚王寺も神式化し、同時にこの大般若経典も他に移管されてしまった。

心の安らぎと幸福を期待する神火

さて、笈渡しと並ぶ逆峰修験の修法のひとつに、護摩《ごま》の祈禱がある。言葉としてはよく聞くが、その実態はよくわからない。護摩とはサンスクリット（梵語）であり、「ホーマ」からきていて、〝火法〟の意だそうだ。古代インドではじまり、やがて仏教に取りこまれ、知恵の真理の火で世俗一切の煩悩や魔害災難を焼き尽くすとの考えから、密教修法の重要な行事となった。本尊はふつう不動明王で、その仏前に火炉を設け、護摩木をたいて、その火中に穀物などを投げ入れて祈禱をする――護摩修法の手順である。

矢島修験の当地でも、もちろん護摩修法は修験行者たちにより実践された。笹子の山先役にあった太田善一郎家文書には、文政六年（一八二三）の記録として、護摩の修法に用いる御用木として、三尺三寸回りの杉の木三本を祈禱に使うため、名主・山先・大名主連名で山奉行に伐採を願い出たことが残されている。同様の護摩木伐採願は文化九年（一八一二）、天保三年（一八三二）、天保七年（一八三六）にも出されていて、護摩修法にかける修験者や村人たちの熱き思いが伝わってくる。

また、前述した提鍋の榊家（覚王寺）には、護摩祭壇の図が遺されている。火炉は橋の欄干のような杭によって四角に仕切られていて、そのぐるりにロープが張られている。この囲いの中に、三尺三寸回りの杉材三本を細かく刻んだ夥しい数の護摩木が投入され、焚かれるのだ。その炎と煙の中に、村人たちは国家安全、五穀豊饒、無病息災をひたすら祈念するのである。編集子は熱く山民の思いを、次のように吐露する。


恵まれない山奥の地に、毎年凶作と病魔に悩まされ続けて来た人達にとっては、この祈りの間に一時の心の安らぎと、やがて来るかすかな幸福を求めて、ひたすら祈念したことであろう。当時の庶民の心と護摩修法とがこの一時に完全に一致した神聖極まる神事であった。この他に各種の火祭り、湯立ての儀式などがなされていたことが推察される。

護摩を単におどろおどろしい火の儀式としか見てこなかった筆者からすれば、「当時の庶民の心と護摩修法とがこの一時に完全に一致した神聖極まる神事」などと書かれると、これまでの浅薄にすぎる己が理解が本当に恥ずかしくなる。さらに、「毎年凶作と病魔に悩まされ続けて来た人達」からみれば、護摩の火は〝神火〟にほかならなく、唯一頼ることができる希望であったのかもしれない。それがかすかなものであればあるほど、人々の祈りは深かったに違いない。

ここまで逆峰修験・鳥海山信仰の実態をみてきただけでも、筆者の修験に対する先入主はだいぶ変更を余儀なくされたが、私が決定的にこの地の生活感に感動をおぼえたのは、執子《とりこ》（取子）の風習についてだった。これは、親が生児を社寺の門前などに捨てる真似をし、神官・僧侶などに拾ってもらい、それを貰い返して育てるという慣習。その子は以後、そこの神仏の御子として信仰し、育成されることになる。主に東北地方に多い風習であるらしい。

編集子は例によって、次のような人間味溢れる解説を加える。「生まれた子の無事成長や、病弱な子の病疾退散を祈願することも、みな素朴な庶民の信仰心ゆえであった。昔は医学の進歩もなく、愛する子を無事に成長させるためには、ひたすら神社にすがるより外はなかった。東北の山深い村々にとって、このような信仰となったのも、親の真情のしからしめたものであろう」と。我が子をいったん神仏の前に手放し、それを再度神の子として貰いうけることで、生児の無事な成長や病弱な子の息災を願ったわけだ。編集子が言うとおり、東北の山深い村々にとって、愛する子を失わ

仁乗上人碑

ないためには、ひたすら神仏にすがるしか手はなかったのである。

百宅に近い直根の観喜院（現藤山家）には、天保十年（一八三九）以降の聖観世音への執子の覚帳が遺されている。聖観世音は仁乗上人（前述）の作と伝えられる木造であり、修験十八坊の一であった観喜院（栄長坊）の持仏である。せっかくだから、ここで仁乗上人について補っておくと、上人は明徳二年（一三九一）、諸国巡錫の道すがら、矢島口から鳥海山頂をきわめ、『鳥海山大権記』を著す。後世、四代矢島藩主、生駒玄蕃正親が行者岳に上人碑（写真）を建てる。上人はのちに笹子に移り、そこで入滅したという。下宮神社に祀られている。

観喜院の執子の覚帳は、天保十年から慶応三年（一八六七）までの約二十八年間、執子四十三名が名を連ねた記録である。新生児はもちろん、なかには妻まで執子にしている例がある。赤子の無病息災を願うだけでなく、大人の執子のケースは疾病に長く悩まされた者たちの、切羽詰まった神への加護の訴えであったのだろう。こうした執子の要請に対し、観喜院は毎年聖観世音に経典を読誦し、それぞれの無事なる成長と、健康・安寧を祈禱したわけだ。

数が多いのですべての例は紹介できないが、覚帳からいくつか執子のじっさいを拾ってみよう。

一、天保十三年　　　上直根村
　　寅三月八日　　仁平
　　　　　　　　　　女房おたけ
一、天保十四年　　　百宅村
　　卯七月十五日　間兵衛子共（供）
　　　　　　　　　　治七
一、安政二年　　　　米之沢村
　　卯十一月七日　　吉右衛門
　　　　　　　　　　五十二歳女ふじト号
一、文久二年　　　　さるくら（猿倉）
　　壬戌八月四日　　市左衛門
　　　　　　　　　　一歳女子おなツおミよと号
一、慶応二年　　　　下直根村
　　丙寅六月廿四日　喜左衛門内
　　　　　　　　　　十二歳男金助　改て長松と号ス

生児に限らず、男女を問わず、あらゆる年代の執子が登場する。最後の例などは、病気を機に改名をし、執子により再起を果たそうということだろうか。米之沢の五十二歳の女性は、病気平癒の願望と思って間違いない。天保十四年の例は百宅村からのものであり、父の間兵衛が子供の治七を連れて執子にやってきたことを物語っている。暑いさ中のことであり、治七は無事観喜院に届けられたのであろうか。少ない情報量では、執子の詳しい結果まではわからない。それにつけ、執子のような社会システムは親子関係が希薄化し、宗教の役割が後退してしまった現代にこそ必要とされる制度ではなかろうか。添加物や薬物にまみれた今の時代、生児が無事成長できる保証はどこにもない。時代に合った新しい執子制度を考えてもいいのではないか。

「垢離の池」の水の濁りに時代を映す

それはさておき、ここでプロの修験者ではない一般の道者（巡礼）たちは、霊山鳥海にどんな仕方で登ったのか、考えてみたい。昔は、霊山に登攀《とはん》して国土安穏、五穀豊饒、無病息災を祈願することは、「お山詣り」といって、庶民にとっては一生に一度の晴なる、また聖なる願望にほかならなかった。今と違い交通機関の整っていない時代に、遠国からわざわざお山詣でをすることは、信仰に生きる人間の尊い真情であり、また人生を賭した挑戦でもあった。白衣に草鞋《わらじ》履き、菅笠姿で登山杖をつき、経文を唱えながら山頂を目指す、というのが当時の一般的な巡礼スタイルだった。

矢島逆峰の鳥海登路には、山麓から頂上を目指すルートがいくつかあった。正路は矢島口になっていたが、それに沿って鳥海町側にも猿倉口、百宅口などいくつかのサブルートが引かれていた。当然のことながら、遠い国から参詣する道者のために、山麓にいくつかの宿坊が点在していた。宿坊には修験の寺院が選ばれることが多く、それはお山詣でが修験寺院の一隅を借りて身を清め、願行しながらの登山であったからだ。当地を代表する宿坊は、これまでにも何度も名前の出てきた提鍋の覚王寺と中直根の観喜院だった。

　両家には宿坊を訪れた道者の住所・氏名を書いた記録が残されている。覚王寺は安政三年（一八五六）から明治初年までのもの五冊、観喜院のそれは文化九年（一八一二）一年のみのものである。試しに覚王寺の安政三年の〝御道者日記〟を紐解いてみよう。この年、日記には六月二十五日の三十五名のグループを皮切りに、七月二十五日の六名のグループまで、一カ月間の間に四十近い団体が覚王寺に止宿している。彼らの出身地をみると、地元秋田藩からの入山者を除けば南部・仙台藩領からきた者が圧倒的に多い。仙台は距離が近いのが大きな要因であることがわかるが、南部には別の理由があったという。

　南部の道者たちは、必ず白米を持参し、たずねるすべての参詣所に米をまいて、五穀豊饒を祈願していたという。米に恵まれない南部の日常だからこそ、彼らは貴重な米をわざわざ持参して、米のある暮らしを切実に願ったのである。また観喜院（藤山家）には、山に登る道者たちの〝入費〟の覚書が残っている。珍しい資料なので、そのまま引用する。

鳥海山道者宿坊山法之覚

一、四拾八銅　　御前初尾
一、十弐銅　　十二神初尾
一、百壱文　　山役
一、四拾五文　　山先達
一、十五文　　道銭
一、四百弐拾五文　　をとし物
〆六百四拾五文

右之通可相守者也。

月　日　　元弘寺㊞
観喜院

初尾は初穂のことだろうと何となく想像できるが、いちばんの入用である〝をとし物〟がよくわからない。宿坊におとす宿賃でもあろうか。それはともかく、この覚書は締めて六百四十五文を間違いなく道者のグループに奉納させるようにとの、大先達元弘寺から観喜院への指示書である。道者の人数にもよるが、この六百四十五文という総経費は、現代の貨幣価値に照らすと、どれくら

木境神社

開山神社

木境神社の門前に立つ遭難碑

いの額になるのだろうか。編集子は、「さして大金とは思われない」と感想を述べているが……。

観喜院に泊まり、仮眠をとった道者一行は、暗いうちに宿坊をあとにして、いよいよお山目指して行動を開始する。鳥海登山の矢島口の古道は、荒沢口から登り針ヶ岡の箸の王子をすぎ高原へ出ると、ブナの密林の中に道銭小屋があり、ここで規定の道銭（このグループは十五文）を支払うと、間もなくして二合目の木境神社と開山神社が現れる。

ここで道者たちは、先達とともに声を合わせて、次のような唱えごとをし、拝礼する。

アヤニ、アヤニ、クシシクタフト《（尊と）》、キザカイジンジャー、カミノミマエヲ、ヲロガミ《（拝み）》マツル

この唱えごとは、拝礼するそれぞれの場所で、神の名を変えてそのつど全員で唱える。開山神社

の先には仁乗上人碑があり、なだらかな登りをしばらく行くと、駒の王子がある三合目に達する。この駒の王子とは何か？　榊家（覚王寺）の保管文書の中に、次のように解説されている。

　駒之王子ト申ハ、聖徳太子、駒渡ノ像ヲ安置シテ奉称《ショウシタテマツル》駒ノ王子ト。今参詣之諸人、牛馬繁昌ノタメ奉拝也。

つまり、駒の王子とは聖徳太子が馬に乗って渡河（？）する場面を彫った像、とでもなろうか。このあたり、現代の車道と交錯しているから、簡単に見つけられそうなものだが、私はすでに三合目近辺を四度もたずねているのに、まだ駒の王子を見つけられないでいる。駒の王子は猿倉口にもあることを聞いていたから、猿倉登山口の三合目あたりの藪の中を何度か探し回ったが、こちらもいまだ発見できずにいる。

　やがて道者一向は山先達に率いられて、登山道の左右に十六善神の石像が立ち並ぶ善神坂にさしかかる。さらに善神長根を過ぎ、四合目を示す善神沼を木の間隠れに見送ると、やがて龍ヶ原近くで猿倉口から登ってくる道者たちと合流し、ほどなく五合目祓川《はらいかわ》に到着する。前出の榊家文書の中に祓川の説明が出てくる。

　払川ト申ハ、参詣之諸人、麓ノ泥草鞋ヲ川両辺ニテヌギ捨、垢離《コリ》ヲ掛、煩悩《ボンノウ》之身ヲソソグ処ヲ払川ト申也。此所ニテ参詣ノ諸人、懺悔《ザンゲ》ノ文ヲ唱ヘテ六根清浄ニシテ御山ニ登也。

竜ヶ原湿原

祓川神社

現在の祓川は、入口にキャンプのできる祓川園地があり、その先に広い駐車場、そこから一段高い平地に広大な竜ヶ原湿原が広がっている。木道でこの湿原を渡り終えたところにあるのが、榊家文書に出てきた参詣人たちが水垢離をとり、新しい草鞋に履きかえる「払川」。ここには祓川神社があり、垢離をとった道者たちは社前でお祓いをうけ、例の「アヤニ、アヤニ、クシシクタフト――」の大合唱を披露する。今回、一太郎さんとともに祓川をたずねたが、「垢離の池」も濁り、神社周辺も雑然としていて、お山詣りの時代との落差を感じて、少し滅入ってしまった。

祓川からは本格的な登山がはじまる。道者たちは先達・合力と一緒になって、急坂をものともせず、声高らかに「オヤマハンジョウ、ドウシャモハンジョウ　ロッコンショウジョウ、ナムアミダブツ〳〵」と口々に唱え、一路山頂を目指す。六合目は賽の河原、夭死した愛児のいる者は、小石を積み重ね、静かに祈る。続く七合目は御田で、ここは不思議にも、自然の造形でできた田形地形がいくつもあり、それぞれに清水を湛えている。ここでやるのが仮の田植えで、傍らの草を採って御田に植える真似をし、五穀豊饒を祈念するのだ。

八合目は七ツ釜。溶岩流が造形した天然の渓流で、御山から流れ込む清水により、ちょうど七つの釜に水が満たされた格好になっている。七ツ釜の自然美に見とれているうちに、やがて到着するのが九合目、垢離の薬師だ。両側を巨壁に挟まれた神秘的な空間で、ここで二度目の垢離をとる。標高の高さもあり、水は肌を刺すように冷たく、道者たちはここで紛れもない「六根清浄」の身となるのである。榊家の文書流に言えば「垢離ノ薬師ト申ハ、非願之行者参詣之時此渓水ニテ垢離ヲ掛、放煩悩之身ヲ六根清浄ニシテ衆病退散、五体安全ヲ祈所也」となる。

そしてその先は最後の十合目、砂利坂が現れる。御来迎《ごらいごう》も迫り、気は急《せ》くが、足が砂利にとられて、思うように進まない。やっとの思いで七高山の山頂に立てば、雲海の間に壮厳な御来迎がはじまっていた。道者たちの感激はいかばかりであったろうか。榊家の文書には、「山頂七高山と申ハ、薬師日光月光三尊、十二神ヲ表シテ、七五三ト奉申也」とある。その後、先達の案内で大物忌神を参拝し、新山に登り帰路につくのである。ちなみに、新山とは享和元年（一八〇一）に七高山・伏拝岳などの外輪山の中に噴出した中央火口丘のことで、以後新山の標高二二三六メートルは鳥海山の最高所となっている。

ここで再度、修験道がふだんの暮らしにもたらしたものは何であったか、を考えてみたい。鳥海山の里宮、矢島の木境神社はこの地方の農民にとって、掛けがえのない大切な社であった。五穀豊饒を約束してくれる大物忌神・稲倉魂命《うかのみたまのみこと》を祠るために、春秋の祭典には近郷近在また遠方からも多くの農民が参集し、今年こそ五穀が豊作であるよう祈願する。一方、十八坊の修験たちも祭典の日を中心に神社に参籠して、祈禱に精励した。

春祭りの日には、農民たちは神社に参詣し祈願のあと、守護札をそれぞれ授かって帰宅。それを水田苗代の水口に竹に挾んで立てて、病虫害の駆除を祈った。片や、秋の祭典は〝秋みね祭〟と称して、春に参詣した農民たちが必ずお礼参りに登ってくる。お礼の気持をこめて神前に供えるのは、塩小豆をまぶした餅で、これを重箱いっぱいに詰めて捧げるのだ。昭和六十年代くらいまでは、形を変えつつこうした風習は残っていたというが、さて現代にも命脈を保っているのだろうか。

春秋の祭典以外にも、虫祭りのときには「番楽」を演じ、豊作、病魔・災害の退散を祈念した。番楽はもともと江戸初期の寛永年間（一六二四〜四四）ごろに、高都醍醐・三宝院末寺の修験者と伝わる本海上人により伝えられたもので、山伏神楽の要素を取り入れた獅子舞と、番楽と称する四十八番の舞台芸能からなる。他の文化同様、番楽も南の庄内から鳥海の山（峠）越えでもたらされたといい、本海坊は最奥の百宅を手始めに旧鳥海町と旧矢島町の範囲の村々に番楽を伝授し、最後は矢島の荒沢に没したらしい。

権現である獅子頭は神格化され、村々には講を設けて当番を決め、それぞれの演舞は代々受け継がれて、今に至っている。だが、この地方の過疎・高齢化の波は凄まじく、継承・保存が追いつかないのが番楽の現状となっている。一太郎さん自身、下百宅番楽の獅子別当（番楽の元締め）の家柄に生まれた人でもあり、次章では改めて一太郎さんを中心に番楽について語りたい。

修験道はまた、各所でいまだ続けられている年中行事、たとえば小正月の行事、稲の病虫を焼き払って豊作を祈念したり、さらに賽の神焼きの火祭り行事も、考えてみればみな修験道がもたらしたもの。ほかにも、私生活における加持祈禱など、修験道と我々の祖先との結び付きは想像以上に強固なものがあり、生活全般に根強く生き、それがいまだに命脈を保っていることは、奇跡といってもいい。不思議なことに、矢島領内の農民たちは、春秋には必ず木境神社へ参詣し、五穀豊饒を祈願した。だが、いつのころからか、当地の人々は遠く雄勝郡（現湯沢市）の東鳥海山（七七七メートル）へ参詣する習わしに移行してしまった。その理由までは、編集子は示してくれていない。

第六章　勝ち目のない争論に打って出た理由

山頂の分水嶺にはない国境線

番楽の話に入る前に、鳥海山にあと少しこだわらせてほしい。「鳥海山峰境の論争」を振り返ってみたいのだ。今、地図で鳥海山周辺の秋田・山形県境を眺めて、違和感を覚えない人はいないだろう。鳥海山の山頂の北西側に、だいぶ山形県が食い込んでいるからだ。峰境論争に関する史料は矢島側（つまり秋田側）にはほとんど残っておらず、おのずと山形県側の史料に頼ることになる。

当論争の発端は元禄十四年（一七〇一）、山上の本社造り替えに伴って急に浮上してきた。同年十月には、京都の鳳閣寺がその裁断書に「峰境の儀は行政上の処分に待つべきものにして、法門の裁決すべきものにあらず」との結論を示した。これを不満とした矢島側は、矢島逆峰学頭福王寺、先達法教院、衆徒一明院、万蔵院などが連署をもって、蕨岡を相手として、再度三宝院、鳳閣寺に対して訴訟をおこす。

鳳閣寺は事の重大性を考え、本訴の経過及び付帯文書を添付して、幕府の寺社奉行所に裁決方を願い出た。これにより、問題は一気に表面化し、単に矢島・蕨岡両衆徒の問題から、矢島・庄内両藩にかかわる政治上の問題と化し、とうとう両藩ともに相争う公事訴訟となってしまった。時の寺社奉行の本多弾正少弼は審理の末、次のような裁決書を鳳閣寺に手渡した。

出羽国、鳥海山順峰方と逆峰方と鳥海山権現棟札郡付出入、其方ニて吟味の一巻披見之処、鳥海山権現之義ハ三代実録、延喜式等ニも飽海郡と有之由相見、且寛文四辰年於評定所、遊佐之庄と可書付《かきつくべき》旨、酒井左衛門尉家来へ申渡有之候。依之《これにより》天和弐年之棟札ハ則飽海郡と相記、其上近年国絵図出来候節も吟味之上、鳥海山は峰境不相知《あいしらざる》由ニ候へハ、郡付相改、由利郡と可書付様も無之候間、如先規《せんきのごとく》、棟札郡付飽海郡と可相記旨、其方裁許可申付《もうしつくべく》候。以上。

十月

右御書付従御奉行所、御渡被遊《あそばされ》候間、為後証《こうしょうとして》、順逆双方写之遣《つかわす》者也。

三宝院御門跡役所諸国惣袈裟頭

元禄十六年未十月十三日

白山二諦坊

大先達成定院百螺山

（鳳閣寺　寺印）

（『鳥海山史』山形県編）

審理の結果、本多奉行は大物忌神（鳥海山権限）は三代実録、延喜式、さらに天和二年の棟札など、すべてに飽海郡と書かれているので、飽海郡が順当とした。その上で、峰境については相知らざる由につき、不問とした。これでは何のための審理かわからない。峰境問題こそ両藩の最大の懸案であったからだ。しかし、庄内の酒井侯は事実上、大物忌神が飽海郡にあることが認められ、大いに喜んだ。『飽海郡誌』には「酒井侯大ニ悦ビ三代実録、延喜式神社便覧ヲ蕨岡一山ニ寄附セラレタリ」と記されている。

奉行所が三代実録で根拠としたのは、次の一文である。

貞観十三年（八七一）五月出羽国司言《モウ》ス、従三位勲五等大物忌神社在飽海郡山上岩石壁立シ

この箇所を蕨岡側は「大物忌神社は飽海郡の山上にあり」と読み、古くから大物忌神社は飽海郡内にあることを主張してきた。しかし、編集子から言わせると、これは明らかな誤読で、「大物忌神社は飽海郡にあり。山上岩石壁立し」と訓《よ》むのが正しい、とする。さらに彼が指摘するのは、この文書の歴史的位置付けの誤りだという。

どういうことかといえば、三代実録は清和・陽成・光孝の三天皇の時代、約三十年間の歴史を誌した史書であり、延喜元年（九〇一）に完成したもの。一方、延喜式は延喜五年に完成した律令の施行細則といえるもの。その延喜の年代は平安時代の中期に相当し、このころには飽海・由利の両郡は存在せず、当時由利の地はまだ飽海郡と称していた。それを補うように、『出羽風土略記』には「延喜式第二巻出羽国風土管十一郡の内に由利郡と云うはなし」という表現がみえる。由利の地

名が、和名抄に「由利郡は中世に及び一部に建てられる――」と出てくるのは、はるかあとのことである。

つまり、幕府の役人が平安朝の延喜のころ、すでに飽海郡と由利郡が並立していたと解し、山麓の民衆もあえてこれを疑わなかったことが、問題の解決を誤らせた根本原因といっていい。要は、大物忌神社は、三代実録・延喜式に出てきた時代には、広く今の飽海・由利両郡の版図の中に存在していたのだ。だから、由利郡誕生以前なら、大物忌が飽海郡にあろうが、飽海郡の山の上にあろうが、何の問題もなかった。それを幕府があえて後世の観念から飽海郡内に在りとしたから、蕨岡側も飽海郡こそ我が郡なりと解釈し、大物忌神社は我が方にありとしたのが、間違いのもとだった。矢島側の憤激を買うのは当然のことだった。

ここでとった矢島側の対応が異例だった。百姓が原告になって幕府の寺社奉行へ訴え出たのである。元禄十六年（一七〇三）十二月のこの訴状には、生駒玄蕃頭地矢島御百姓ら七名（うち二名は大庄屋）が名を連ね、今、それは遊佐町史資料となっている。同訴状は相手方として、当山方学頭、先達、衆徒、大庄屋ら十五名を挙げている。矢島側の百姓を大胆とも思える行動に駆り立てた裏には、長年にわたってうっ積した鳥海山にまつわる諸問題を、いかに民間レベルで深刻に受けとめていたかの左証になろう。

訴状の内容を鳥海山史や飽海郡誌から引いてみる。

一、天和の棟札に飽海郡とあるのは郡書《こおりがき》に非ずして、御堂の用材、切組作業場を指せるものにあり。
二、鳥海山頂瑠璃之壺より流るる水を以て由利郡の田地用水に充つ。国郡の境界は分水嶺を以て定むるを本則とす。
三、大物忌神社は、三代実録、延喜式にありとせるは、本年夏、順逆の訴訟ありしより唱うる所にして確証あるものに非ず。(傍点筆者)

など、訴状は十三カ条からなり、これをもって山頂の御堂が由利に属するもの、また国境は山頂の分水嶺でわけることを強く主張した。すると、寺社奉行は事の重大性に鑑み、審議を評定所へ移した。一方評定所は、速やかに庄内の修験に矢島側の訴状に対する答弁書を提出させた。さらに、矢島側よりも、論書を記した追訴を提出させた。五人の百姓が提出した追訴状の内容は略するが、そこでも改めて「鳥海山薬師権現堂ハ由利郡之山八分目ニ蛇之口ト申処ニ鎮座ニて御座候」(傍点筆者)と訴えている。

評定所は双方を呼び出し取り調べに着手する一方、実地調査の必要性を認めて、宝永元年(一七〇四)五月四日、御目付杉山安兵衛、絵図方町野惣右衛門を検使として現地に送ることとした。彼らは出発に先立ち、蕨岡・矢島双方から地図を提出させ、必要な地名・境界などを記入した上で、双方の言い分も聴きとった。すると、両者の相違点は明々白々となり、六月十九日、検使杉山安兵衛（上下二十六人）・町野惣右衛門（上下十六人）合わせて四十二人の大部隊が江戸を発った。

これに対し、徳川家の譜代大名である庄内藩は、十四万石の威信にかけて万全の態勢で一行を迎えた。たとえば、鳥海山麓蕨岡口より山上に至る間に、普請方に命じて数カ所に小屋茶屋を建てさせたり、検使登山の際には医師まで随伴させた。それに引き替え、矢島藩側の史料はいっさい今に伝わっていない。検使の一行は六月二十五日に庄内藩に入り、同日中に蕨岡に到着。翌日早々に同地で原告、被告立ち合いの上、絵図について検分。翌二十七日さっそく鳥海山に登り、実地の見分調査を試みたが、大風のため断念。

やむなく、二十九日、吹浦で両所宮に参詣したのち、翌七月一日に小滝口から再度登山開始、途中、要所要所で双方に尋問を重ね、その要点を地図に記入して、その日のうちに山頂に到着。山頂で一泊した翌日、検使たちは改めて両者に検分を実施したが、最後まで双方の言い分は食い違いを見せたままだった。にもかかわらず、検使は検分の結果について、双方に承諾書の提出を求めたが、矢島側は断固提出に応じなかった。

そこで三日には、検使一行はいったん下山し、五日に至って小滝衆徒に対して吟味し、翌六日に矢島方を吟味。この流れについて、『鳥海町史』の例の編集子は、次のように憤りを隠さない。

その後のことについて、「更に矢島口の臨検の必要を認め、七日矢島に至り――」と山形県史にある。この文から推して幕府の一行は、最初から矢島口の臨検などは考慮せず、江戸出発時からこの訴訟の結末を考慮していたと疑われても致し方のない彼等の態度であった。それが意外に強固な矢島側の態度に「矢島口の臨検の必要を認め――」の挙となったのである。

この通りなのであろう。以後の推移は、まさにこの編集子が予断したとおりに進んでゆく。七日に矢島入りした検使一行は、翌八日には矢島口から登山を試み、双方立ち合いの上検分。同日下山し、翌日（九日）には一行は江戸への帰途についた。この時、検使は庄内藩に鳥海山の二タイプ模型製作を命じ、一方の張抜模型が今も吹浦神社に秘蔵されているという。江戸の評定所は、この二つの模型と実地調査の結果を基に審議を重ね、原・被告の百姓、修験たちを江戸に呼び出して、その結果（判決）を双方に申し渡した。

判決文は長いので引用できないが、その内容だけかいつまんで書き出すと――。この裁決により、鳥海山頂は言うに及ばず、矢島北側の中腹まで庄内藩領となってしまった。判決の要旨は「山上の大物忌神は飽海郡山上に在ること明白である。よって鳥海山は飽海郡に属するものなること。またその両郡の境界は西は笙野嶽から稲村嶽の八分にわたり、東は女郎嶽の腰をもって両郡の境界と定めたこと」であり、つまり由利郡側の山腹七合目以南は、すべて飽海郡領とする裁定であった。

裁決書の問題点は、三代実録・延喜式の古書にある史実を頼りに、後世の飽海・由利の両郡を現実の時代に当てはめようとしたところに、幕府の史書における情報不足を露呈しており、一方矢島側においてもこの史実の誤りを強く突かなかったことは、返す返すも遺憾だった。争論の論点は、煎じ詰めれば薬師堂（大物忌神社）の位置であったわけだが、このお堂が山頂に存在していたことを示す絵図が現存する。矢島町の土田藤一郎家と興屋の佐藤荘一家が所有する絵図がそれだ。矢島側はこうした歴史的証拠を用い、論理的に議論を進めるべきところで、それができなかった点に、原告としての根本的な弱みがあった。

こうして、幕府の裁決により、山頂の分水嶺をもって峰境とするとの矢島側の主張は見事に退けられ、現在見るようなまったく不自然で意図的としか言いようのない境界線が定まってしまった。

当時、矢島は四代正親が藩主だった。そして、八千石の矢島の相手は庄内十四万石の酒井家であり、しかも老中格の家柄ときた。これでは、いかに御公儀に公正な裁きをお願いしても、最初から勝負は決していたも同然。ひとつ評価できるとすれば、勝ち目のない争論に居たたまれず打って出たところに、矢島の人たちの鳥海に対する深い信仰と愛着を、現代の我々ははっきりと感得できることだろうか。

宝永元年（一七〇四）に定まった鳥海の国境線は、今も見えざる壁として、山形と秋田を分け隔てている。

腰がダメになったら舞わない

さて、ここらで前に約束した番楽にもどる。正式には本海獅子舞といい、寛永年間に京都醍醐の三宝院に属する修験者で、芸能に優れた本海行人が鳥海山の麓の村々に伝えた修験的な行事を取り入れた獅子舞と、番楽という舞台芸能とを総称するものだ。鳥海町には寛永三年（一六二六）に伝承されたといわれている。獅子舞大先達といわれた本海上人は本海坊ともいわれ、京都からきた人だというだけで、経歴は不詳。

矢島町荒沢の土田文之助が明治二年正月に誌した「奉祭本海流系譜」の一節に、〈爰古来ヨリ荒沢村エ獅子舞之初リ云者、元亀天正之頃、大和国ヨリ本海坊ニ云行人来テ敬習スト云ヱリ……云々〉（傍点筆者）とあって、〝京都からきた人〟と矛盾するが、元亀・天正（一五七〇年代）が確かなら、本海坊はかなり若いときにやってきたことになる。鳥海の村々に教え、矢島で教え、最後は荒沢で七十余歳の生涯を閉じたという。今、荒沢の白山長根の民家の庭に、安永八年（一七七九）三月十八日に建立された石碑が建っている。その功績にふさわしい立派な碑だ。

本海坊の碑

ここで一太郎さんの話を参考に、もう少し詳しく獅子舞（番楽）の具体像に迫ってみたい。

獅子舞という名称は狭義の獅子舞を指すのみならず、獅子舞をふくむ番楽全体の総称として一般的に「獅子舞」と呼んできた歴史がある。その番楽は式舞・女舞・番楽舞・神舞《じんまい》に分類され、上演に際してはまず神舞（獅子舞）から入るという共通点がある。

次に式舞の先番楽がくる。これは素面《すめん》の一人舞で〝露払い〟の意味がある。

本海番楽においては、山伏神楽・能舞等と同様に、演者は基本的に台詞《せりふ》を発しない。言立《ことだて》という台詞部分は、別に言立をする人が担当する。演者は舞と所作を行う。ただし、言立の極めて少ない演目や、台詞という意味での言立のない演目もあり、その場合には歌や囃子《はやし》言葉が主体となる。

また、本海獅子舞は〝二人立《ふたりだち》〟の獅子舞で、舞手の背後で獅子舞を捌《さば》く者を〝後幕とり〟と呼んでいる。一太郎さんが住む下百宅では、本海獅子舞には「天地和合」「龍門の振り返し」「三条のみこし」の三要素があると言い伝えてきた。天地和合は上下の顎を打ち合わす歯打ちのことをいい、龍門の振り返しは獅子頭を左右に激しく振り返す所作、三条のみこしは獅子頭を高くかざし、やや俯《うつむ》ける所作を指す。最近までこれら三種の名称を伝えていたのは下百宅と上百宅だけだったが、本海獅子舞の特色としてこの三種の舞の型はすべての獅子舞に共通したものだ。

獅子頭を手にする一太郎さん

「百宅では上・下の両地区に番楽がありますが、上百宅は舞い手不足でつぶれたも同然です。ほかの地区のものが時代とともに新しく改良されていく中で、下百宅の番楽はしっかり古式を守っているという点で価値があるのです」

十年前、下百宅番楽の番楽師匠、佐藤善雄さん（故人）にインタビューしたときの言だ。だが、当時すでに下百宅番楽のメンバーも高齢化が進み、ほとんど舞う機会はなくなっていた。それは、当事者のひとりである一太郎さんの話から明らかである。

「当時すでに、八月十五日に舞う盆獅子もやめていましたからね……。平成六年に旧鳥海町の番楽伝承十三団体により、〈本海獅子舞伝承者懇話会〉が設立されましたが、あのころが〝最後の輝き〟だったんじゃないでしょうか。公演で中国の西海省へ行ったり、国立劇場や早稲田大学の大隈講堂でも舞いましたよ。まだみんな若かったですから……」

一太郎さんの証言である。一太郎さん自身、代々獅子別当（番楽の元締め）の家に生まれ、父の昭一（故人）は大師匠と呼ばれる存在だった。祖父（久一郎）は舞いをこなし、曽祖父の久次郎は〝番翁〟と呼ばれる番楽師匠だった。私は一太郎さんの獅子舞はビデオでしか見たことはないが、平成十二年に没した父親譲りの獅子舞は、「まるで獅子が生きている」と絶賛されるほど、下百宅番楽には欠かせない演目、また使い手だったのである。

「現役のころは、毎日（獅子の）頭をもって体を鍛えていた。だから、見物の人たちも『これこそ番楽！』と喜んでくれた。腰がダメになった今やったら（演じたら）、〝ごまかし〟になっちゃう。だから、声がかかっても、ぜったい舞わないことにしてるんだ」

と、一太郎さん。じつに誠実で、芸能の本質に忠実な態度ではないか。獅子別当の家である佐藤

延亨時代の番楽幕

家には、今でも獅子舞・番楽の道具がすべて揃っている。なかでも下百宅番楽の自慢は、県内でもっとも古いとされる式幕（番楽幕）だ。式幕とは、舞台と楽屋との境に下げる張り幕で、高さが二メートルぐらい、幅は四～五メートルある。紺地や浅葱《あさぎ》地が多く、そこに鶴亀や舞人が染めあげられている。舞手はこの式幕をもちあげて出入りし、式幕を背景にして舞う形式をとる。つまり、式幕は舞を引き立てる重要な役割をになっているのである。

面も江戸初期から伝来するものをふくめ、各種が揃う。面は単なる仮装のものとは異なり、魂が入って神がかりの〝生面〟となるため、道具の中でももっとも重要視される。特に、〝式三番〟といわれる「尉《じょう》・翁・三番叟《さんばそう》」の三面は、別格の扱いをうける。古い面ほど文化財としての価値は高いが、製作されたあと途中で削りや塗りの手が加えられていないのが条件である。下百宅所有の面も、ひとつとして表

佐藤家に伝わる古い面

の塗り直しをしたものや、面の内側を削ったものは見当たらない。加えて、面は割れやすい特徴があるため、粗雑な扱いは禁物である。

代表的な面の見分け方は以下の通り。

翁面……白式尉面で、切り顎・白髭がついている
三番叟…黒式尉面で、切り顎・白髭がついている
尉面……白式尉面で髭がない。蕨折の爺翁に使う

（ちなみに、三者に共通する尉面とは、老翁の相をあらわす面の総称）

山伏面…武士面に似るが、額にまとう兜巾《ときん》で区別する。兜巾とは修験者がかぶる布製の小さい頭巾
鬼面……伊加・蕨折に使う青鬼と赤鬼とがあり、蕨には一般的に青鬼を使用

このほか面には女面（年寿・赤間・姫・金巻など）、

武士面、般若面、道化面（品ごき・おかし・そっつぉぐ・もちつき・根こ切爺）などがある。ちなみに、道化面のそっつぉぐとは、口の曲がったガンチク面で、目が細く左右ずれているものを指す。

次は鳴り物だが、これも獅子舞・番楽では重要な役割をになう。まず、太鼓はいわゆる締太鼓で、直径・胴の長さとも四十二センチくらいで、胴のつくりは刳りぬきと桶胴タイプがある。皮は小牛のやわらかい皮を使う。桴《ばち》は弾力のある木が好まれ、四十五センチくらいの細長いものを利用。

笛は獅子笛・神楽笛と呼ばれる横笛で、歌口のほか六孔の穴にあいたものを使う。吹き手により、竹の太さ・孔の大小・孔の間隔はまちまちで、そのため笛は自作のものを使っている講中が多い。鉦《かね》も鳴り物には欠かせない一品。薄肉の鋼鉄板製で、二個で一組になっている。巧みに打ちつけたり、すり合わせたりしてリズムをつくる。たいがい直径が十二〜十五センチぐらいのものが一般的。ほかに以前は拍子木も使っていたらしいが、今は見られない。武士舞や荒舞などの幕出しに利用された。花誉《はなほめ》に使ったところもあった。

獅子舞・番楽の道具中、忘れてならないものに言立本がある。いわゆる映画や演劇におけるシナリオにあたるもの。年代がかった言立本の実物は、タテ（天地）二十四センチ、ヨコ（幅）十六センチぐらいの生紙（和紙）で、八十枚ぐらいの綴りになっていて、そこに一頁あたり六十七行ずつ、毛筆でびっしり書き込まれている。多いものでは、一冊に二十数番から三十数番の演目を集約したものもある。番楽講中にとっては、言立本の原本は活動の精神的支柱ともいうべきもので、そのため原本を持ち歩くことは滅多になく、写しをとって利用するのがふつうになっている。

獅子を権現と信じる民衆の心根

次に本海獅子舞の演目について、もう少し詳しく踏み込みたい。鳥海町に残されている『祕傳之巻』に、獅子舞番数の事として、「番数合して四十八番に御座候」とあり、特定の言立本にかたよることなく、計四十八番の内容について一般的な解説を試みる。

まず、アタマにくるのは「獅子舞」の七番。門獅子、地舞《じまい》、祓い獅子、神舞《じんまい》（祈禱獅子）、弔《とむら》い獅子、やさぎ獅子、神宮《じんぐ》獅子（柱がらみ）で七番となる。それぞれに簡単な説明を加えると、門獅子は門打ちの獅子舞で、お盆などに行われる。地舞は獅子を振る前の〝下舞《したまい》〟のことだ。これで四方堅めをする。

祓い獅子は、歯ぐいをしながら祭壇を祓い、そのあと一人ひとりの胸・左肩・右肩・背・頭の順に祓う。獅子舞ではよく見る光景のはず。神舞は地舞と獅子掛かりが一連となったもので、下舞をしてから獅子を振る。このとき、次の三つの要素が入っているとされる。

天地和合…………獅子頭の上顎と下顎とを強く合わせる〝歯ぐい〟

龍門の振り返し…獅子頭を両手で左右に激しく振り返す所作

三条のみ腰………獅子頭を頭上にかざし幕にからまり、上身を前に倒して起こす所作

弔い獅子は、獅子舞講中の重鎮が亡くなったとき、葬儀時に墓前で舞う獅子舞で、特別の掛け唄

はうたわない。やさぎ獅子は、動きのもっとも激しい獅子舞で、頭を上下左右に振り返し、唄掛かりのない場合は歯ぐいをする。後幕（尾幕）取りの軽妙なさばきが見ものの獅子舞でもある。最後の神宮獅子は、新宮や新宅などで〝五方堅め〟を行う際、まず五大尊の神々を配して、灯明・神酒・米・御幣・供物等を献じて、火伏せの行事として座敷の中柱を獅子でからみ（柱がらみ）、座敷においては床ずりをしながら東より西にかえし、次に南から北にかえして這い獅子を舞い、番楽・直会《なおらい》と続いた後、いとま獅子を振って帰る。獅子舞の本領が発揮される一番だ。

獅子舞の次は、「式舞」七番。先《さき》番楽、翁、三番叟、松迎、御神楽《みかぐら》、千歳《せんざい》、伊加《いか》の構成。トップの先番楽は、日・月の烏帽子《えぼし》に鉢巻の者が〝直面《ひたおもて》〟で、袴・帯刀・扇をとり、幕を押し出して舞う。露払いとも呼ばれる演目。ちなみに、直面とは面をつけないことを指す。翁は誰しも面（翁面）のイメージはあるだろうが、その所作はあまり知られていない。切り顎の白式尉面は前に書いたとおりだが、それに大兜、狩衣、ゴザ袴をつけて扇をとり、ゆったりとした調子で四方の浄土を伏し拝み、天長地久・息災延命を祈り、踏み鎮める千秋万歳の舞ということになる。壮大なスケールの演目であることがわかろう。

次も有名な三番叟。切り顎の黒式尉面であることは前に書いた。ビデオを見ると、烏帽子の下に手拭いを冠り、下袴・羽織・襷《たすき》をつけ、扇と錫杖《しゃくじょう》をもち、動きの早い足拍子を特徴とする美しい舞いである。御神楽は鳥兜・直面・襦袢・袴・襷の者二人が扇と錫杖をとって対になって舞うもの。〝にしま〟という独特の拍子で四方拝をする動きの早い舞である。そのほかの式舞は紙幅の関係上、説明を省略する。

式舞の次にくるのは「神の舞」の八番。山之神、小弓之舞、剣之舞、地堅《じがた》め、鳥舞、庭堅め、神々舞《じじまい》、地神舞《じじんまい》の八演目だ。まず、山之神は番楽の中でも重い曲とされ、その出で立ちは鳥兜・直面・襦袢・襷・ゴザ袴で、両腰に太刀を差して扇と御幣をとり、塩と米をまく。筋は山の神の本地を語り、その年の豊作を祈り、悪魔を祓うところにある。〝重い曲〟の意味が素直に分かろう。

神の舞のなかでユニークなのは、鳥舞かもしれない。雌雄の鳥兜・直面、そして雄は襦袢の脱ぎだれ・袴・襷、雌は振り袖・太鼓帯・前垂れの女装で、両人とも扇と錫杖をとる。これは天の岩戸が開いたときに鶏が夜明けを告げる体を表し、お互い睦み合う様をとり込んだものとされる。奥の深い一番といえよう。あとの神の舞の説明は略す。

神の舞八番のあとは、「武士舞」の十二番。信夫（信夫太郎）を筆頭に、鈴木（鈴木三郎）、曽我（一人曽我、二人曽我、曽我兄弟）、那須の与市、熊谷《くまがい》、敦盛、羅生門、屋島、景清、舟弁慶、赤間《あかまい》、三人立《さんにんだち》（三人太刀）というラインナップ。歌舞伎などで馴染みのタイトルがたくさんあり、本海番楽が上方から伝わった事実が、改めて思いおこされる。まず信夫は、高館《たかだち》合戦の模様を語り舞うもので、本海流では面をつけ、ゴザ袴で舞う。一太郎さんの説明によれば、下百宅や猿倉などでは、途中で太鼓をとるシーンもあり、〝胴取り信夫〟と呼ぶこともあるという。ちなみに、高館は藤原秀衡が源義経のために築いた城館で、文治五年（一一八九）、義経最期の場所に比定されている。岩手県平泉町・中尊寺の東約一キロ近辺にあたる。

赤間は赤間関（下関の古称）のことで、この演目は「ようよう急ぎ行くほどに赤間の関に着きにけり」という幕出しではじまる。ストーリーは、八月十五日夜の月に天女が連歌を興行し、太鼓一番を演ずるというもの。かんざし・女面・振り袖の天女が、桴《ばち》で曲取りをしながら太鼓を叩きつつ舞う優雅な舞だ。対する三人立は、しゃぐま・直面・襦袢・股引き・帯刀の武者三人が順に繰り出し、扇と錫杖で舞うもの。後半は足拍子を揃え、各々が太刀先を握り合い、太刀くぐりをする勇壮な舞だ。高天原に四方の神々を集めての〝神遊び〟のひとつでもあるらしい。

ほかの武士舞は略して、次は「女舞」の七番。岩戸開《びらき》、年寿《ねんじゅ》、天女、機織《はたおり》、金巻《かねまき》、蕨折《わらびおり》、橋引の七曲。面白いのは年寿だろう。老夫婦が熊野の権現に願掛けをし、若返らせてもらうというストーリーで、かんざし・女面・振り袖・広帯姿の者と道化面をつけた者が登場して、前半は願いごとを語り舞い、後半には若返ったお礼の舞を披露する。講中により、「若子」の演題をつけているところもある。

劇的な筋立てになっているのは蕨折だ。首陽山に蕨を折りに行った上臈《じょうろう》（女）が、雪解け水でどれなくなり、老船頭に一夜の妻になるからと強引に頼み渡してもらうが、一日一夜の暇をもらい、逃げてしまう。老船頭は「この世で逢わずば来世で」と川に身を投げ、やがて鬼となって現れ、道化（根切爺）に襲いかかるという筋。首陽山は中国山西省の南西部、蒲州の南にある山で、古く詩経の唐風及び論語に、上臈ならぬ白夷・叔斉が餓死した山として出てくる。舞台が中国であることも、この演目をいっそうドラマチックなものにしている。

女舞もこのくらいにして、最後は「はんど舞」（道化舞）の七番。ラインナップは品《しな》ごき、もちつき、可笑《おかし》、そっつぉぐ、根《ねっ》こ切爺《きりじ》、猩々《しょうじょう》、さかさ番楽。どの舞も道化味タップリだが、重要度からいえば可笑が一番か。これは年寿、天女、要揃いに出るもどき役で、下座との掛け合いなど言立が多く、重要な役割をになう。もどきとは、主役をからかったり動作をまねたりして、主に滑稽を演ずる役のことをいう。面は斜に構えた感じの、間のぬけたものを使う。背中に風呂敷包みを背負って、滑稽感を増幅している。

根こ切爺は蕨折の道化で、物語の経過を説明する語りがあり、また太鼓方との問答もあって、まさに蕨折の主役といっていい存在。面は口の尖ったものをつけ、頬かぶり・筒袖の単衣・股引き・片脛巾《はばき》に、斧《おの》をもつ出立《いでた》ちも様になっている。脛巾は、脛《すね》に巻く後世の脚絆にあたるもの。猩々は〝酒飲み番楽〟ともいわれ、言立は少ないが、しゃぐま・色物の鉢巻、袖口の小さい単衣・もんぺ袴・脛巾で太刀をくわえて逆立ちをしたり、転がったりと、番楽の軽業版。同様に、さかさ番楽も道化面をつけた演者が、縦横無尽に飛びはねて舞う道化舞だ。ほかのはんど舞の説明は略す。

これで『祕傳之巻』に沿った四十八番の大雑把な解説は終了するが、鳥海町にはこれらのほかにも多くの演目が残されているらしい。その上、講中によって分類の仕方もけっこうまちまちで、ある講中では伊加を神之舞に入れるかと思えば、またある講中では鳥舞を式舞に入れるところがあるという。最後に、番外としての「花誉め」についてふれておく必要があろう。これは〝御花〟（花代）のお礼に対する儀礼で、裃《かみしも》をつけ正装し、青木の枝に御幣をつけたものを持って、「東西、東西」と口上を述べて行うもの。

では、諸社の祭礼時は別として、そのほかどんな場面で獅子頭を使った行事が行われていたのか、確認しておきたい。とりあえず箇条書きにする。

一、柱がらみ
二、橋がため
三、弔い獅子
四、注連《しめ》張り
五、盆獅子
六、雨請い獅子
七、虫追い
八、ご祈禱獅子

柱がらみ、弔い獅子、盆獅子についてはすでにふれたので、あとのものについて簡略な解説を加えたい。まず橋がため。新しい橋が架かったとき（竣工）の神事で、拍子をかけ獅子を渡らせて、男柱のポイントで祈禱獅子を振るという内容。注連張りは、近郊で悪疫が流行した際、村落の主な道路の入口に棒を立てたり、また立木の枝に注連縄を張り、その場で獅子振りをして悪疫の進入を食い止める悪魔祓いである。

雨請い獅子はおおかた想像できると思うが、干魃《ばつ》時の欠かせない行事である。長い日照りが続くと、それぞれの農家からひとりずつ参加し、獅子舞講中のメンバーとともに祈禱する場所へゆき、獅子を振りつつ、何度か参加の全員で雄叫びを挙げる。祈禱する場所はたいがい決まっていて、一回の祈願で雨がこないと、二、三日おきに、二度、三度と祈願する。虫追いもよく聞く言葉のはずだが、七月中旬の暑い時季がシーズン。各戸から男性ひとりが参加し、獅子舞を先頭に鎮守社の幟《のぼり》や梵天を押し立てて、村の上から下へと練り歩く。そうして稲の害虫を川下の一角に追い詰めて、川に流す修法というわけだ。途中、神社に寄り祈禱獅子を振るケースもある。

最後のご祈禱獅子は、ひとことで言えば一般的な行事で振られる獅子舞といえるだろうか。先に地舞を舞い、そのあとに獅子を振るものだが、盆獅子などで家々を回るときは、地舞を行わないことが多い。地舞はもともと〝天地陰陽四方堅め〟と称し、すべての舞の基本である。その前後に獅子掛かりが入り、この獅子掛かりの部分だけ行うのが獅子振りということになる。獅子を振ることで、農民たちは悪魔七里を去り諸難を除いて五穀成就・天下泰平・国家安全、ひいては一村一郷の幸福が招来されることを願うのである。

こうして、権現獅子は〝おししさま〟として村人に崇められ、厚い信仰に支えられてきた。一太郎さんの母（静子さん／本年六月逝去）が若いころ、ある家で病人が出ると、そこの主が獅子頭のたてがみ（面《もて》かくし）を一筋もらいにきて願をかけ、病気が平癒するとこれを二筋、三筋にしてお返しにきた——そんな話をしてくれたことがある。

まさに獅子を権現と信じた民衆の心根がうかがえるエピソードである。

第七章「お祖父さんは昔話をうんと憶えてでだ人で…」

猿倉人形の原点は百宅人形

今回の一年余にわたる百宅（鳥海）取材で、私がもっとも関心をもったのが、一太郎さんの少年期から現在に至る生き様（後述）と、猿倉人形芝居だった。これまで何度か百宅をおとずれ、猿倉人形のことは小耳にはさんではいたが、百宅とは別集落（猿倉）のことだから、と気にもとめなかった。それが今回、調べを進めてゆくうちに、猿倉人形のオリジンが百宅にあることを知り、少なからず驚くとともに、「由利、秋田、ひいては東北の文化は鍋倉（峠）経由でまず百宅に入り、そこから北東北一帯に広がっていった」という定説を再確認した思いだった。

私事にわたって恐縮だが、筆者は若いころ佐渡の文弥人形（故濱田守太郎さん）を十年ほど追いかけたことがあり、人形芝居には人一倍の興味をもっていたはずなのに、百宅人形ではなく猿倉人形では仕方がない、とはじめから取材を諦めていたのである。それが、猿倉人形も当初は百宅人形、または若丸人形と呼ばれていた時代があったことを知り、俄然本格的な興味が湧いてきたのである。

ここに出てきた若丸こそ、百宅人形の創始者、池田與八その人である。旧直根村の村長を三期

（昭十〜昭二十）つとめた高橋四郎平（故人）が調べた與八の戸籍には、以下のように記されていたという。まず明治五年壬申の戸籍帳によれば、「秋田県管轄第十八大区中第三小区戸籍の九」の百宅村に、

百宅村三十六番屋敷居住
農父六蔵亡
池田六蔵　壬申年五十九
三男
池田與八　十五

さらにその後編成された與八の戸籍には、

由利郡直根村百宅字梵天平三番地
平民
池田専太郎弟
父亡池田六蔵　三男
戸主池田與八

出生安政五年十一月十七日
直根村百宅三十三番地戸主平民池田専太郎弟
明治二十八年九月二日分家届出同日受付

これについて、與八の異父弟である金子磯次は生前、事実と食い違いがあることを指摘していたらしい。どういうことかといえば、與八はもともと、父・六蔵の本家である百宅村下百宅境堂にあった百宅池田氏の宗家である池田與左エ門の遺子であった。與左エ門が倒産して死ぬと、與八の母は上百宅高野台の金子久四郎と再婚し、一方子どもの與八のほうは、分家の六蔵の家に引きとられることになったのだが、その正確な年月はわからない。

それはともかく、少年時代の與八は、その当時の普通の子どもとはだいぶ遊び方が違っていたらしい。村の少年たちが根っ子打ち（釘を使った陣取りゲーム）や雑魚獲りに夢中になるのを横目に、與八はひとり裏山にのぼって横笛を吹いたり、そのうちに尺八や三味線まで覚えていった。当然のことながら、養家の六蔵はホトホトもて余していたらしい。それはそうだろう。六蔵としては、與八は一人前の百姓に育てて、ゆくゆくは本家の跡目を立ててやらねばならぬ、大切な預かり人だったからだ。

だが、他家に養育されている身ながら、與八はいっこうに農作業はおぼえず、暇さえあれば芸事にうつつを抜かしていた。そんなある日、與八は村人たちに連れられて、十里余りもある山道を歩いて、本荘の浜へ鰤を買いに出かけた。途中、西滝沢村（由利町）新上条の宿屋に泊まった際、隣室に泊まり合わせた飴売りの父娘が芸の練習をしているのを目にして、すっかり惚れこみ、すかさず教えをこうたのである。老父が手に人形をもち、さまざまな動作をすると、片や娘は人形の動きに合わせて八木節をうたう姿に、與八は心底感動する。これがのちに、與八が人形芝居（百宅人形）を創始する動機の原点であったとされている。

ただし、この話には異説があって、前述の高橋四郎平は與八が影響を受けたのは宿屋で出遭った父娘ではなく、平鹿郡沼館在の薄井からくる飴売りで、胸に人形箱を提げ家々を回って歩く通称「薄井の倉」という者であったと記す。子どもたちが集まる場所で、また泊まった農家に人を集めて、二、三の人形を箱から出して使ってみせた。何の娯楽もなかった当時の山村のことであれば、子どもはもとより、大人たちも一緒になって喜んだことは、想像にかたくない。

飴売りが父娘か薄井の倉か断定はできないが、ある年、與八はそのどちらかの一座について村を出たことになっている。高橋は、その後與八は平鹿郡横手町の興行師、吉田一家の身内となって芸道に励んだ、と書く。片や『鳥海町史』では、與八は横手市山崎の高橋岩太郎という秋田九郡の興行師親方の子分となり、人形手踊りの興行にいそしんでいたことになる。戸籍簿によれば、その後與八は「明治十年六月十日脱走、明治十六年十月二十日帰村」と記されている。二十歳から二十六歳にあたるが、この間がまさに、劇団一行とともに興行に明け暮れていた日々なのだろう。

〝脱走〟とは穏やかならない言葉だが、徴兵適齢に達した與八が、巡行先からも届けを出さず、百宅にもどってこなかったため、処置に困った六蔵が戸籍役場に出頭して頂戴した仮の身分というわけだ。

その結果、與八はただちに徴兵検査に回され、甲種合格となり、徴兵忌避の罰則により、抽選なしで近衛兵連隊に入隊させられた。明治十七年五月十二日が近衛連隊入隊の日で、除隊は同十九年八月とされている。町史の編集子が想像しているように、この東京での服務の期間、芸能好きの與八はきっと、軍務の暇さえあれば浅草へ足を運び、吉田文学座の人形操りを学んだに違いない。除隊のとき、與八の創案した「はさみ式指人形二体一人遣い」は高い評価を得、結果として吉田の芸名を名乗ることを許されたのだ。吉田若丸の誕生である。

與八は除隊してふる里に帰る途中大病に罹り、下総の国の女芸人、染谷キクの家で看病にあずかり、一カ月も逗留してしまった。そんな事情もありふたりは夫婦となり、男子定吉をもうけたが、その後故あって離婚している。しばらくして、こんどは與八は茨城県稲敷《いなしき》郡茎崎《くきざき》村の大山弥五右衛の娘、サトを女房とし、ついという娘をもうけた。歩兵連隊除隊以来、與八はどうやら千葉・茨城の両県を中心に芸能修業をしていた痕跡が濃い。人形浄瑠璃もみずからつくり、幕合には人形甚句・秋田甚句などの唄と囃子で人形を踊らせた。

このころ、有名な「鑑鉄和尚」が誕生する。與八はいっそう芸道に励み、関東・北越を中心に巡業し、郷土にも足を伸ばした。時には地元猿倉温泉で湯治もし、そこで歌・三味線の上手な真坂藤吉（のちの勝若／明治六年生まれ）と出遭うことになる。藤吉は與八の一番弟子に迎えられ、そのあとにも近隣の村々から一芸に秀でた若者たちが次々と若丸（與八）のもとへ集まってきた。笹子の天神からは丸田今朝造（のちの小若）、川内の伏見から高橋伊勢蔵、東滝沢村前郷の三浦迷造、矢島町新荘鍋倉の木内勇吉、直根村百宅の金子末次、同じく佐藤徳太郎らだ。

なかでも、〝與八の人形操作〟〝藤吉の伴奏〟〝今朝造の脚本〟とそれぞれに才能を発揮し、三位一体となって人形芝居の完成期を現出させた。〝百宅人形〟〝秋田人形〟、そして活動写真が登場してからは活動人形芝居と呼ばれて人気を博した。けして猿倉人形ではなかった。しかし、三人（與八・藤吉・今朝造）がそれぞれ芝居に習熟し、弟子もふえてくると、明治三十年代半ばころと思われる時期に、三人は合議して、それぞれ独立して一座を構える態勢を整え、巡業に回った。與八は主に東北・北海道を、今朝造は全国どこにでも出かけたのに対し、藤吉は全国に出かけることもあったが秋田県内を中心に巡業。というより秋田県中をくまなく回り、人形芝居の腕もよかったため聴衆の受けもよく、藤吉の出身地である猿倉人形として覚えられ、與八の百宅人形の知名度を瞬く間にしのいで、〝猿倉人形芝居〟として定着してしまった。県内はもとより、研究者らの中央への紹介もあって、国内、さらにはのちに国際的にも知られる存在となったのである。

與八は二年、あるいは三年に一回ていど、巡業先から帰郷したが、そのつど十九ないし二十くらいの若い妻を同伴してきた。一説には、その数二十余人に及んだとされている。しかし、そんな與八も人の子、四十半ばをすぎて身を固めることを考えた。明治三十六年七月十五日、與八四十七歳のとき、笹子村の下笹子字下野六十七番地鈴木利七の二女、サン子と正式結婚している。サン子は明治六年十月二十日生まれであり、與八より十六歳の年下だが、声がとても美しく、唄が上手であったという。特に、人形甚句は得意中の得意であったらしい。

サン子には子ができなかったため、與八は明治四十二年、異父弟金子磯次の娘コユキを養女とし、同じ百宅の斉藤永三郎の三男万七を養子に迎えて、家督の相続者とした。戸籍上では、明治二十八年九月二日に池田専太郎（六蔵の長男）から百宅字梵天平三番地に分家している。前もって敷地も買い求めてあった。梵天平についてはあとで述べる。これ以前、岩手県盛岡市川原町九十九番地に戸籍をもったことがあり、翌三十二年に同市仙北町組町八十八番戸に本籍を移している。吉田天楽（佐々木時次郎／後述）はこのころできた與八の実子であったが、戸籍にはその名が記載されておらず、家督も継ぐことはなかった。しかし、のちに彼の口伝が阿彦周宜《あひこしゅうぎ》により世に紹介（『遊芸の世間師』一声社）されると、天楽丸自身の存在と父・與八の知られざる過去が俄然衆目の的となったのである。それについてはあとでタップリふれるとして、その前に初期の與八の動きと芸に関し、書き添えておきたいことがある。

川に捨てられ、橋桁に救われた天楽丸

今も旺盛な文化活動をしている鳥海町の松田訓《さとし》さん（日本海獅子舞番楽伝承者協議会長）が、平成十七年にまとめた『猿倉人形芝居』（猿倉人形芝居顕彰実行委員会発行）に、「秋田猿倉人形」という興味深

い論考がのっている。書いたのは故永田衡吉《こうきち》（一八九三－一九九〇）で、和歌山県生まれの劇作家で民俗芸能研究家であり、わけても日本の人形芝居研究の第一人者だった人だ。永田はまず、他の研究者が、㈠（與八）十七歳のとき、街頭の飴屋の人形を見倣った　㈡十四歳のとき、旅芸人が障子で影絵を映すのを見てハサミ式指人形を考案した　㈢二十八歳のとき、近衛連隊を除隊、水戸縫左衛門をたずね、人形戯の修行をした――と一律に書くことに疑問をもつ。こんな具合にだ。

㈠㈡は単なる伝承にすぎず、二つ遣いの手妻人形の芸統は、左様に簡単に身につけることができないはずである。当然、㈢に視点をおかざるを得ない。

その上で、與八の異父弟、金子磯次の日記発見により、事態は大きく進展する。すでに前段でもふれたが、與八は近衛連隊除隊後の十余年間、縫左衛門配下の興行に加わり、茨城を中心に、関東・北越を巡行。その間に、女芸人染谷キクとの間に男児定吉を生み、更に茨城県筑波郡茎崎村大山家に入婿し、妻サトとの間に長女ツネをもうけた。吉田若丸という芸名はすでにそのころから用いている。明治三十五年に四十四歳で帰村するまで、じつに十余年にわたる長い遍歴であった。

以下は、與八がいかに手妻人形にたどりついたかの考察である。永田は人形芝居研究の第一人者らしく丹念、克明に迫ってゆく。永田によれば、與八の手妻人形は、この長い放浪の間に修得した高度の業で、その祖流として考えられるのは、浅草花屋敷などに出演していた辰松富吉であるという。除隊後、與八は吉田文楽座の座員となったことは前に書いた。そのとき、富吉も同座にいたらしい。與八はその富吉から指人形を習ったというのだ。富吉は、男の名前のようだが、じつは女性。おそらく大阪の生まれであろうが、明治十二年、夫の説教節薩摩菊太夫（埼玉県児玉郡上里生まれ）とともに、東京本所から千葉県木更津在の飯富村に転居。ここで人形芝居の師匠をはじめた。その弟子の中に中山ゆきがいた。彼女は飯富人形の最後の人で、以下は永田が中山から直接聞いた話だ。

まず永田は、與八伝記に富吉が現れることに注目する。芸姓辰松というからには、大阪の手妻人形の名匠、辰松八郎兵衛の芸統をもつに相違ない、と想像する。辰松姓は人形遣いでは重きをなす芸姓で、誰もが勝手に名乗ることはできない。それゆえ、〝辰〟を〝立〟に改める芸人もいたくらいだ。だから、與八がその辰松富吉から二つ遣いの手妻人形を伝授されたという話は、大いにあり得ると思っていい。ちなみに、ここに出てきた水戸縫左衛門は江戸初期から明治初期まで、十三世も続いた家柄で、興行主・座主・芸能師匠など多様な職能の代々を輩出している。幕末・明治期の当主は、〝関東操《あやつり》人形十八座〟の総元締といわれた顔役で、おそらく吉田・辰松という人形遣いの芸姓は、彼の承諾なしには名乗れなかったと思われる。加えて、縫左衛門家の芸能興行は、東北地方にまで大きな影響力をもっていた。岩手・福島・秋田・山形などの既存の人形座の伝承の中に、かならずその名が現れるからだ。

さらに、與八が猿倉人形を創始する以前に手妻人形を身につけていた証拠として、鑑鉄和尚傘踊の中で「わが在所を申すなら、武蔵の国は筑波山の麓、矢田部《やたべ》でございます」というセリフがある。

矢田部は彼が入婿した茎崎村の北隣という位置関係にある。

たぶん、永田の指摘はそのまま正しいのだろうが、人形ファン・與八ファンの筆者としては、(一)や(二)の伝承をあっさり切り捨てるのは、じつにしのびない気がしてならない。與八の伝記から大事なページをむざむざはぎ取ってしまうように思えてならないからだ。

それはさておき、前に與八が明治三十三年に岩手県に戸籍をもったことがある、と書いた。その経緯は、與八は同十九年に近衛歩兵連隊除隊後、同年下総豊岡村の芸者・染谷キクと結婚したのち、その翌年には離婚。二十六年には茨城県茎崎村の興行主・大山義男(弥右衛門)の娘・サトと結婚、だがそのサトとも同二十八年に離婚している。その後、同三十一年、岩手県内を巡業中、常宿の下閉伊郡大芦の佐々木岩蔵家に立ち寄ったところ、そこでミキ(十八歳)と知り合い、駆け落ちする。ちなみに、このとき與八、四十歳。人形はズブの素人であったミキだが、與八について巡業を共にするうちに、人形操作や唄、三味、太鼓を次々にマスターしていったらしい。芸の筋がいいといえばそれまでだが、命懸けで添い遂げた男のために必死に努力した成果であったかもしれない。

だが、その二年後、百宅にもどっていた二人を、ミキの兄・兼蔵がたずねてくる。兼蔵はわざわざ二人を大芦に連れもどすべく、秋田まで遠路足を運んだのだった。二人は兄にしたがい、大芦にもどり、分家暮らしがはじまる。このとき與八は本籍を(岩手に)移したと思われる。分家に入っても、巡業に出る日々に変わりはなかった。このころは、岩手県内を中心に回っていたらしい。明治三十三年の暮れ、十二月十二日に與八が宮古周辺を巡業中、大芦の家にいたミキが産気づき、男子を出産。すると、家にいた伯母から「こんなところで、父なし子をからめていては、どうにもならん」とたしなめられ、伯母は生まれたばかりの赤子をボロにくるみ、カマスに入れて、川に捨ててしまう。偶然、カマスが橋桁にひっかかっているところを兄の兼蔵が見つけ、拾ってきてミキに見せたところで、すべてがばれてしまう。幸運にも一命をとりとめた我が子に、與八は巡業からもどったところで、天楽丸と名付ける。天楽丸、吉田天楽は紛れもなく與八の実子である。

人形芝居の芸人は世間師の一種

今回、筆者が人形芝居に強い興味をもち、松田さんのアドバイスで取材に入った当初は、天楽丸はその存在さえ追跡リストにのぼってこなかった。友人にアマゾンで人形関係の古本を探してもらっているときに、偶然パソコンの画面に浮かび出たのが阿彦周宜著の『遊芸の世間師』（一声社）だった。一九八二年六月十五日発行とあるから、もう発刊から三十五年もたっている。恥ずかしながら、私はこのときまでこの本の存在も阿彦周宜さんの名前も知らなかった。

奥付を見ると、阿彦は昭和二十三年生（私の二つ先輩）、酒田市生まれで横浜市立大学英文科を終え、昭和四十九年東京都立大学大学院修士課程（英文学／現首都大学東京）を修了、とある。続けて、専門はアメリカ文学だが、英米の民話や日本の昔話に興味を抱き、日本口承文芸学会、民話と文学の会会員と紹介されている。一九八二年、つまり昭和五十七年当時（三十四歳）、すでに『宮海村亡者物語』（みちのく豆本の会）、『おら家のむがしあったけど』（本の会）、『下総の笑話――印内の重右衛門話』（崙書房）といった著書を物している。

さて、『遊芸の世間師』（以下『世間師』）にもどると、天楽丸口伝という副題がつくように、本著は編著者の阿彦の天楽丸へのインタビューに、阿彦本人の解説を織りまぜるという形式をとったもの。インタビューの構成は、阿彦が前書きで「専門的なまとめ方は出来ないと分かった時、ともかくも天楽丸の語り口をそのまま筆録し、年代順に配列してみようと私は考えたのである」と説明しているように、いわゆる編年体の様式にしたがっている。

その形態はともかく、前もって種明かしするようで気が引けるが、本著の性格（価値）を読者諸兄により正確に知ってもらうために、巻頭にさし込まれた〈推薦のことば〉をまず紹介したい。現代人形劇センター理事長（当時）の故宇野小四郎によるものだ。少し長めだが、推薦文の手本のような以下の名文を味わってほしい。

吉田天楽丸という人は〝秋田猿倉人形芝居の元祖〟吉田若丸こと池田與八の実子である。芸系としての直接のつながりは兎も角、資料の少ない東北古典人形芝居の歴史をたどるとき欠かすことのできない人物である。その貴重な証言がここに発表されたわけである。

この本には単なる芸談をはるかにつきぬけて我々に迫ってくるものがある。それは彼が父に見捨てられ、母からもはなれ、育てられた母方の祖父の家というのが、旅芸人や毒消し売りなどの常宿（佐々木岩蔵家／筆者注）で、そこで多様な遊芸人にふれ、猟師であった祖父からは多くの昔話やマタギの秘法の伝授を受け、且つ自らも寺に入り僧侶の修業もつみ、易断も身につけ、やがては父與八の相棒であった母に手ほどきを受けて人形芸を始め放浪の旅に出るといった経歴からくるものである。彼は人形芝居の芸人であると同時に、加持祈禱、仏事の世話、世間話の運搬者でもあった。そして天性の記憶力もさることながら、世間師として訪ねる先々での出来事や、聞いた話を記録し、伝えていく伝承者としての性格をもっていた。このことは天楽丸師という人の個人的能力もあろうが、遊行する芸人達に人々が求めた能力でもあったろう。我々はここに東北地方で人形芝居が成立し定着していく基盤をみることができる。

　しかし、このような貴重な証言を記録し得たのは、編者である阿彦周宜さんが、昭和九年以来天楽丸師の定着した酒田の宮海部落の出身で、天楽丸師とはご祖父の代より縁のある家に生まれ、天楽丸師と心から打ちとけた間柄にあったことと、長い根気のいる努力と、天楽丸師の行動の軌跡や伝承の片語にも正確にその本質をとらえる鋭い目と、なによりも理解ある暖かい心情によるものである。

　この本は単なる研究者のための資料ではない。現代人形劇にたずさわる我々も又、明治、大正の頃といささか事情は異なるにしても人形劇だけ上演していれば良いというのでもない。加持祈禱ではないが、お母さんたちや先生方と子供の問題を考え、地域の文化のあり方を考え幅広く行動していく点では世間師の一種かも知れないし、人形劇に、人形劇人に、社会が期待している役割もまたおのずとあると思う。

そんな意味で、本当に民衆の間で長い間活動してきた我々の先輩である天楽丸師の記録を、人形劇にたずさわる方々に是非お読み下さるようにお願いする次第である。（傍点筆者）

推薦文がそのまま、本著の見事なサマリー（要約）になっている。また、本著のタイトルに〝世間師〟が使われている理由が、この短文から容易に想像できよう。それはともかく、要約は要約として、天楽丸の語りを通して、與八の生き様や猿倉人形の人気度（普及の有り様）、はたまた間接的にうかがうことができる百宅の集落事情など、貴重なエピソードを紙幅のゆるす限り紹介したい。それにつけ、文中で宇野が加持祈禱の重要性を説いているが、今回私は本作において修験の見直しを読者に呼びかけているわけで、宇野とどこかでつながっているのかもしれない。

迎えにきた父親が泣いで泣いでの……

まずはじめは、推薦文の中にも出てきたが、伯父の兼蔵に川で拾われた天楽丸が、その後どう育てられたか、である。巡業からもどった父の與八に天楽丸と命名されたまではよかったが、佐々木家の縁者たちの合議で、父の與八と母のミキは強制離婚させられてしまう。今の時代では考えられないことだが、家中心の社会構造であった戦前の日常では、けして珍しいことではなかった。そして、天楽丸は祖父岩蔵に預けられる。以下は本人の語りから……。

私が生まれたのが明治三十三年十二月十二日だが、役所に届けられだのは三十四年二月二十七日です。役所に行ったのは私のお祖父さんで、行ったればね、役所の方で、「天楽丸という名前だば、聞いたこどもねし、そういう名前はない」と言ったの。

そしてるうぢに、役所の時計が三時を打ったって言うんだな。それで、三時を打ったために〝時次郎〟と名前を付けられたそうです。

そして、時次郎と名前を付けられた時、既に私の父親は秋田に帰って、岩手の大芦にはいなかったんでしょ。この辺は詳しぐ分かりますねの……。

天楽丸の本名が佐々木時次郎となった経緯を、このエピソードが明らかにしてくれる。このあと祖父の岩蔵が親代わりとなって天楽丸を育てるわけだが、この祖父、物知りで頓智があり、大芦集落では一目おかれていたらしい。天楽丸はそんな祖父に可愛がられて育った。『世間師』から——。

お祖父さんは昔話をうんと憶えでだ人での、私に毎晩聞がせるもんですけ……。

私の生まれた家は、まあ、常宿で芸人を泊めでね、乞食が来ても行商人が来ても、皆泊めだんです。旅から来た人を泊めれば、さまざまな話をするからね。私のお祖父さんの岩蔵は話好きで、それで喜んで暮らした人です。旅から来た人を皆泊めて、聞いだことはみな憶えでいたの。私はそれを小さい時聞いたもんです。

私も夜、お祖父さんから話を聞くのが楽しみでね、話が好ぎなため、お祖父さんは聞かせるもんですけ。お祖父さんは私を抱いて寝で、昔話を教えんのさ……私が眠るまで。

お祖父さんから聞いた話は大体が小さい時、私が八つ前に聞きました。それこそ、毎晩でした。それから、大きぐなって十八になる前あたりまで聞いたんです。（傍点筆者）

天楽丸のこの話からわかるのは、岩蔵が単に無類の話好きだっただけでなく、相手が乞食であろうが、自分には見ることのできない世界をもった旅人であれば、身分の差などおかまいなしに、誰でも泊めて、あらゆる体験談を聞き出していたのである。夜、岩蔵はそれを天楽丸に聞かせるのだが、抱いて寝ながら、天楽丸が眠りにつくまで話してくれたというのだから、父母はいなくとも、子どもが育つ環境としては、十分に恵まれていたといっていいのかもしれない。

天楽丸の母親は、與八との離婚成立のあとすぐ隣家に嫁いでいる。そんな事情で、天楽丸は周りの子どもたちからよく「親なしだ」と囃したてられたが、別に淋しいと感じたことはなかったらしい。それだけ祖父の愛情があつかった左証でもあるのだろう。母親からは常々「お前のお父《と》っちゃんは人形芝居で、秋田の人だ」と聞かされ、「成長《おが》ったら、行って会ってこい」と言われていたという。すると、天楽丸の成長を待たずに、父と対面する機会がやってきた。ここは『世間師』でも名場面のひとつであり、私は涙なしにはこのパートを読むことができなかった。

私六歳になる時ね、人形芝居で（父が）巡って来てね、明治三十八年四月の十七日だが十八日だが、父親が私を貰いに来たな。岩手さ私を訪ねで来て、手ぬぐい八本土産に持って、私の母親ん所さ寄った。丁度私は親類で井戸掘りで、そごさ御馳走招《よ》ばれていだところさ、母親が迎えに来た。「秋田がらお父《と》っさんが迎えに来た」って。そん時初めて会ったの……それまでは見たこどもねえ父親ど。父親はその時いなかったために、私どご、「貰って行ぎだい」って来た。母親は、「旅芸して歩ぐ人が、また後妻貰ってれば、どこでもあるごって、子供どあんたがかえって苦労するがら、この子はまだ俺の所に置ぐ。子供は成長《おが》れば父親を訪ねで行ぐんだがら、そん時はめんどう見でくれ」って、きっぱり断ったんだ。いやー、その時、父親が泣いで泣いでの……。それ見で、「大人の男が泣ぐもんだっけ」って、私言《ゆ》ったな……。

父親が別れっ時、ガマ口から十銭、私さくれだけ……十銭銀貨。その時十銭もあれば、米だの二、三升も買うにええって。そして、丹前ど毛布と、それがら足袋一足だが、父親私どさ置えで別れだな。それがら父親さは会わねな……母親は再婚したなだ……。

ここで印象的なのは、天楽丸を引き取りにきた與八に対するミキの毅然とした態度だ。天楽丸を渡さない理由は、「旅芸して歩ぐ人が、また後妻貰ってれば、どこでもあるごって、子供どあんたがかえって苦労するがら」と、じつに理にかなっている。そればかりか、「子供は成長れば父親を訪ねで行ぐんだがら、そん時はめんどう見でくれ」と、しっかり天楽丸の将来も見据えている。このあたりは、さすが岩蔵の娘というべきか。片や、六歳にして「その時、父親が泣いで泣いでの……」と観察している天楽丸も、ただの子どもではない。

我が子の前で素直に泣ける與八も、與八である。「泣いで泣いでの」とは、つまり大泣きしたということだ。そのあと、與八は大金である十銭を天楽丸に渡し、丹前と毛布、それに足袋を添えて我が子に与え、去ってゆく。その後、天楽丸が父與八と再会できたのは、二十数年後の昭和三年のことで、與八から財産相続の手紙を貰い、秋田県本荘町（現由利本荘市）で再会を果たしたのだった。このとき、父の家で木内勇吉（後述）を紹介される。

父との電撃的な対面があったころから、天楽丸の親戚を転々とする生活がはじまる。まず最初に預けられたのが、赤鹿（地名）の桃園家だった。天楽丸の従弟がいる家で、養蚕の専門農家だった。

養蚕の手伝いをやりました。桑を採ってきて、蚕に桑をかげたりしました。そして職場であるがらね、女たちは夜眠たいのに糸を紡ぐんでした。

それで育って、私が七つになって、お寺さ養子にやらされたわけです。桃園さんのすぐ隣りにある若宮山真龍寺という寺さ、九つになるまでやられました。そごの寺には伯母さんが嫁に行ってだもんですがらね。そごには女の子供もおりましたし、その子の子守りや遊ぶ相手が欲しいって……。伯母さんが突然言い出したんです。「ここだけ（桃園家）に居るより、まず寺さもあべ。学校も入れるし、寺さ連れで行ぐよ」って。

そごのお寺は御門徒寺で、私は寺の手伝いをしながら御経を習いました。

帰命無量寿如来　南無不可思議光

法蔵菩薩因位時　在世自在王仏所

………………………………

それ皆覚えちゃったです。それが後で宮海（山形県酒田市）に来てみだれば、偶然その正信偈詠《しょうしんげ》む人たちの所さ来たんだもの、気持さ合ったわけです。

ここに出てきた正信偈は正信念仏偈の略で、親鸞の「教行信証《きょうぎょうしんしょう》」（浄土真宗の教義の根本を述べた書）の行巻にある七言一二〇句の偈文《げもん》のこと。弥陀・釈尊・三国七祖の教えた念仏を正信すべきことが書かれている。浄土真宗で朝夕の勤行に和讃とともに読誦する。門徒の寺に預けられ、御経を暗唱してしまった天楽丸が、三十年近くのちに一家で定住することになる酒田の宮海集落が、「正信偈を読む人たちの所」（つまり門徒の村）であったというのも、これまたひとつの因縁であったのかもしれない。

第八章　父の在所で瞬く間に人気者になる

清国流の柔・剣術（？）を習う

寺に預けられていたころの天楽丸を知る貴重なエピソードがある。これは取り上げないわけにはいかない。以下『世間師』から――。

私を持った和尚さんを〈本当の父親だ〉どは思わねども、よぐして貰うがら、「父親だ」って言ってたからね。ただ、私は「人形の子だ」って言われだごどあるんです。まあ、それが淋しかったの。

私はその頃ワンパクなおんだし、餓鬼大将だおんだから、子供たちは皆私ば信用してくれだおんです。なあーに、私もきがなかったからね。だから、私の事を「人形の子」とか「操りの子だ」って……それはよほど何か怒った時でねば、そんなこと言ってかかってこない。そう言われても、私は抵抗しなかった。抵抗しないがら、まだ子供たちも私に連いできたな。〈そう言わせだ俺が悪いんだ〉ど、そういうふうに考えだがらね。

小さい時がら寺で育ったからね、私は無抵抗主義だがら……。やっぱり無抵抗っづうことは、「絶対手をふるな」ってことで、合掌している仏様の所で育ったからね、絶対喧嘩したことはねい、そんなに人がらも折檻されだ事もねし……。ただ子供だぢは何が私から理屈で負げるづうど、むごうで、「お前は人形の子だ」って言って、逃げるんです。それだけが淋しかった。（傍点筆者）

小僧の見習い時代、餓鬼大将であったにもかかわらず無抵抗主義を貫いた天楽丸。喧嘩したことも、逆に人から折檻されたこともなかった。だが、理屈で天楽丸に歯が立たない子どもたちに、逃げながら「お前は人形の子だ」と言われるときだけは、天楽丸はひとりどうしようもない淋しさを味わわねばならなかった。まだ六歳、中里小学校に通いはじめた時次郎である。

二年後の明治四十二年、天楽丸はこんどは下閉伊那小本《おもと》町中島の千葉与三郎さん宅の養子となる。与三郎は岩蔵の従弟の分家になった人の子どもだから、遠い親戚の関係にある。また、与三郎の妻は真龍寺で生まれた人で、子どもがいないために、天楽丸を養子にしたのである。

その頃はたまに大っきい家さ行けば、蓄音器はあったども、テレビは無いんだしね、時々大芦の家さ帰ってお祖父さんの昔話を聞ぐのが楽しみだったの。また、千葉与三郎さんも話好ぎだ人でね、講談本はなさねで見だ人だから、やっぱり昔話が好ぎで、よぐ語ってくれたようでしたが、はっきり憶えでいません。

その頃、私は周りの子供たちに障子さ白い幕はって、幻燈やってみせだことがあります。それがら、障子さ影絵をやってみせだりして、喜ばれました。（傍点筆者）

親類を転々とする生活ではあったが、天楽丸は世話になる先々で〝人〟に恵まれた。九歳で預けられた小本の千葉与三郎も話好きのおじさんで、やはり昔話が好きで、天楽丸にも惜しまず語ってくれたという。天楽丸は天楽丸で、近所の子どもたちを集め、幻灯や影絵をやってみせて、喜ばせていたという。『世間師』の著者の阿彦は、そんな少年期の天楽丸を評して、「少年時次郎は、なんと、幼くして母親から聞いていた父・池田與八の人形芝居の源流——あの旅の影法師の話——を真似て、子供たちに演じ、自らを慰め、そして、父を思いこがれていたのだろうか……」と、記す。電灯を照らし、障子の陰にうずくまり、子どもたちのために一生懸命影絵をつくろうとする天楽丸の姿を、まざまざと思い浮かべることができる。

だが、千葉家での平穏な日々も、そう長くは続かなかった。居られない理由ができたのである。

千葉さんの家に子供が生まれてから、私は十四歳でそごを逃げ出したんです。石屋を習うために逃げ出して、それがら七年間石屋修業をしたわけです。石屋になったのは、母親が〈時次郎が石屋をおぼえれば、いづが俺の石碑でも建ててくれるか〉と考えで、石屋さ頼んだわけです。

師匠の名前は佐々木徳松さんど言う当時三十歳ぐれの人で、私の再婚した母親ん所を宿にして石屋をやった人でした。また、徳松さんは鋳掛け屋もやっての、旅から来た専門の鋳掛け屋に習って鍋でも釜でも何でもなおしたもんですけ。私はそんなのも覚えたんです。（傍点筆者）

千葉家を出る理由は、与三郎に自分の子どもが生まれたからだった。五年間世話になった家を出るに際して、天楽丸は〝逃げ出す〟という表現を使った。切なく、いたたまれない思いが、このひと言からよく伝わってくる。次は三田市の石屋・佐々木徳松のところに世話になるわけだが、どうやらこの企ては母親によって進められたらしい。天楽丸が一人前の石屋になれば、いずれ自分のために石碑でも彫ってくれるであろう……母親にはそんな思い付きがあったのだ。

ここに出てきた鋳掛け屋、年若い読者にはわからないと思うが、昭和二十五年生まれの筆者はギリギリ記憶している。鋳掛けとは、鍋・釜など銅・鉄器の漏れを止めるため、〝しろめ〟などを溶かしこんで穴をふさぐことを言う。しろめ（白鑞）は鉛と錫《すず》の合金。つまり、鋳掛け屋は鋳掛けを業とする職人で、筆者が子どものころには、鍋・釜の修理のために家戸をたずねて回る鋳掛け屋の姿がしばしば見られた。

さて、石屋の仕事は今とは異なり、巡回して歩くのが基本だった。そのあたりの事情を、天楽丸自身が語る。これも『世間師』から。

昔の事だから……忘れたが、こっちに二年、あっちに三年づうようなもんで、三田市を中心に石屋奉行したんです。家が四十軒ばかりある茂師《もし》どいう所には、私が十六、七、八どいだからね、ここらの墓所《はがしょ》の石は大体私が切ったんです。茂師と小成の間に墓があります。こごの墓所は大体私が刻んだ石です。それがら、茂師どいう所に「神社仏閣礼拝堂」どいう石も私が刻んだ石です。
石屋は佐々木徳松さんが師匠での、千葉酉三さんが私の仲間で一緒に石屋習ったわけです。佐々木さんや千葉さんと仕事で廻りながら、茶飲み話で面白い世間話を聞ぎました。（傍点筆者）

見習いといいながら、大した仕事っ振りだ。いったいどれだけの墓所の石を切ったのだろうか。だが、ここで感動すべきは天楽丸が刻んだ石の数ではない。仕事の合い間に、師匠の徳松や同僚の千葉から聞く世間話に喜々として耳を傾ける天楽丸の姿だろう。父母はいなくとも、休憩時間の茶飲み話が少年天楽丸の鋭い感性と豊かな世間常識を育んだのだ。親は子どもにとって掛けがえのない存在だが、たとえ親がいなくとも、子はみずからの知恵と力で育つことを、この天楽丸の例が証明している。

また、このころ、天楽丸は三田の佐々木万吉という人に師事して、柔剣道や法術を修業している。万吉は陸中野田の官所に七度も勤めた人物で、剣術・柔・法事類何でも知った行者だった。棒遣いなどもうまい人で、「佐々木万吉の柔」と呼ばれ、有名だった。大きな滝の上に道場があって、その滝で日々行をしていたという。こぶし大の石に法をかけて、指二本でパッと割って見せることもあったらしい。石屋の仕事とは別に、天楽丸はそんな超能力者の弟子になり、新たな才能を身につける。

万吉さんは元々辿れば、私の先祖の生まれた家です。そういう由来から、私はこの万吉さんから清国流の柔・剣術を習ったり、法のことを習いました。法は万吉さんから聞いだし、またお祖父さんからも詳しく教えられるわけです。これを後で私もやってみたんです。

例えば私が十二、三の時だね。宮本というところで石屋をやってた時、法をかげたことがあります。宮本である爺さんが山さ行って狸の子を三匹捕まえて来てね、一匹死なれて二匹養ってお ったわけだ。そしているうちに、その息子さんが馬鹿になってしまったわけだ。そごさ私は頼まれて、私が覚えでだ法をかげて、御祈禱して、一時なおったの。なおったども、私はいつまでもそごに居られねからね、その人はまだ馬鹿になりっぱなしで終ったわけです。

清国流の柔・剣術とは、いったいどんなものか。万吉さんはそれをどこでマスターしたのだろうか。それはともかく、〝法〟がよくわからない。忍法などというときの法だろうか。方術の意なら「仙人などが使う不思議なわざ」と解釈される。だが、天楽丸は馬鹿になった子どもを御祈禱で一時なおしている。たぶん、法には祈禱が必須で、しかも経続的に施さないと、効果は消えてしまうものらしい。祈禱を続けてもらえなかったその子は、またふたたび馬鹿にもどってしまったというのだから……。

父との二十余年ぶりの再会

こうして得がたい出遭いを重ねている間にも、少年天楽丸は青年への階段を着実にのぼっていった。大正十年、天楽丸二十歳のとき、従妹のカメコと結婚。しかし、性格の不一致や家の財産のもめ事から一時別居。悩みを断つために、小本の雲霊山・宗得寺に出家、得度して中島放牛師の弟子となる。ここでも和尚からタップリ因縁話を聞くことになる。また、このころ和尚の紹介で高島易断の黒田義照氏に師事、易学の修業をはじめる。

黒田さんは宮古の在の人でね、私が寺を出た後も、石屋をやりながら二年だが三年だが習ってだわけです。この人もやっぱり行者での、山伏みだいだ人での、この人が元祖の高島呑象の宿門を務めで虎の巻を貰った人での、酒や女でだらしがねえために破門になったわけです。私が弟子入りした時、六十なんぼだったでしょ。大部年寄りでしたね。私は高島さんの孫弟子になるわけです。人はさまざまのところでつながっているの。（傍点筆者）

高島易断はその名前は聞いたことがあるが、どんなものか、詳細は知らなかった。創始者の高島呑象（号）は茨城県の人で、本名は高島嘉右衛門《かえもん》（一八三二～一九一四）。はじめ実業に従事していたが、のち易を学び、高島易断をおこす。と、ざっと高島易断の概略を説明したが、傑作なのは、天楽丸が師事した義照のほうだ。呑象の宿門まで務めた人物なのに、酒や女の問題で破門になったとは。和尚はそんな傑物（?）をわざわざ天楽丸に紹介してくれたのだ。天楽丸は天楽丸で、「私は高島さんの孫弟子」と表明しているくらいだから、まんざらでもないのだろう。人のつながりは、不思議なものである。

そうこうするうちに宗得寺の利権争いがはじまり、天楽丸は還俗して大芦の実家にもどることになる。すると、嫁のカメコも帰ってきて、長男（正男）が誕生。天楽丸二十一歳、大正十一年のことだった。再度石屋になった天楽丸は、宮古山・常安寺の改修工事に瀬浪福松（のちに宮古市会議員）らと共に従事し、そうした折に石屋仲間の茶飲み話として、下閉伊那や宮古周辺の昔話や世間話を聞く。また、このころ宮古巡業中の松旭斎天勝《しょうきょくさいてんかつ》師から手品を修得したり、実家に泊まる旅芸人から門付唄を教わる。と、実家が旅人宿であることの恩恵は、思いのほか大きかった。旅芸人の門付唄だけでも、どれだけの種類があったのだろうか。

さらに、祖父岩蔵からはマタギの法を伝授され、加持祈禱を修得。『世間師』には祖父が語るマタギの昔話が紹介されているので、その中から「磐次磐三郎の話」を引用しておく。

昔、獅子内喜四郎と東民部と磐次磐三郎の三人と、役の行者様が大峰山の二条御殿ずう所で山さ登って行ったわけです。役の行者様と仲間で登って行く途中、行者様から「刀立《かたなだて》の法」を授かったわけです。行者様から、「法を破っては祟りが来る。たとえば生物《いきもの》を殺しても、刀立の法を唱えれば、あなた方さ祟りは来ないもんだ」って教えられだわけです。

山さ登って行ったども、峠さ行ったば、役の行者は空腹で栄養失調になって死んでしまったわけだ。で、磐次磐三郎は同じ行ど言うても、飲まず喰わずではねえ。飲んで喰ってた。鳶でも烏でも雀でも兎でも何でぼでも獲って喰いながら登った。で、喰って行った人は助かった。

それで、役の行者は大峰山に葬られで、磐次磐三郎は戻って来たわけだ。そして、磐次磐三郎の「刀立の法」と言うて、熊の送りの時にも狐の送りの時にも、あるいは人が祟っていた時でも、亡者や仏が祟っている時でも皆これを使うの。これが「刀立の法」の由来で、本来「真言密法」なもんです。

刀立の法は「マタギの法」の中の「刀立」だそうで、祓い事をする時、また祈禱に使う法とされる。それにしても、「磐次磐三郎」の話には〝役の行者〟や〝大峰山〟まで登場して、じつにスケールの大きな話になっている。役の行者が栄養失調で餓死し、大峰山に葬られるというストーリー展開も、何とも大胆。ところで、役の行者に同行した獅子内喜四郎、東民部、磐次磐三郎の三名はいったい何者？　真言密法との関わりは、本当にあるのだろうか。

少し脱線するが、天楽丸は巡業中の松旭斎天勝から手品を習ったと書いたが、このマジシャン、本名を中井かつといい、明治十九年、東京神田の質商の娘として生まれる。家業が傾き、十二歳で明治期随一の奇術師・松旭斎天一のもとへ前借金二十五円で売られる。師匠でもあり、愛人でもあった天一は、日本ではじめて西洋奇術を広めた傑物。天勝は天一の愛人の立場ではあったが、芸のセンスもあったので、天一は全ての芸を天勝に譲っている。

そうして、二十七歳（明治四十四年）で独立した天勝は、百名以上の座員を抱える「天勝一座」（天勝劇団）を設立、国内だけでなく、一度ならずアメリカ興行も成功させた。歌あり、踊りあり、人体切断もあれば、トランプなど手先を使った奇術があり、さらには奇術を取り入れた芝居まであるという多彩なショー構成が、天勝一座の売り物だった。大人も子どもも楽しめるところに、人気の秘密があった。ちなみに、天勝が譲られた〝天〟の字は、その後のマジック界にも受け継がれ、今をときめくプリンセス天功の〝天〟も、遡れば松旭斎一族（天一）にたどりつくのである。

しかし、天勝をもっとも有名ならしめたのはその美貌にほかならなかった。こんなエピソードがある。舞台から天勝がこの人と決めて〝流し目〟を送ると、その人は必ず翌日も同じ席に座ったという。それどころか、ある日流し目を送られた客（もちろん男）が天勝をたずねてきて、「私と結婚して下さい」と、本気の印に何と小指を切りとって持参したという。以来、天勝は「何て浅はかなことをしてしまったんだろう」と反省し、二度と殿方の心をたぶらかすのはやめたという。「流し目の天勝」という異名はダテではなかったのである。

先を急ぐ。実家にもどった翌年（大正十二年）には、次男・善平誕生。その二年後には祖父・岩蔵が他界（七十七歳）する。親代わりだった祖父を失った悲しみは、いかばかりだったろう。天楽丸はその後長い間、祖父の夢を見続けたという。一方で、このころから天楽丸は人形芸に本気で興味をもち出し、習いはじめる。人形操作は母親のミキに教わり、人形はじめ芝居道具一式は独学で作った。試しに大芦の村で人形芝居をやってみせると、これが評判で、自信を得た天楽丸は本格的に人形道具を揃えることに。すると、村人から舞台幕を寄付される。この年（大正十四）、三男・真平誕生。翌昭和元年の元旦、ついに天楽座誕生、人形遣い師・吉田天楽丸と称し、岩手・青森県内を巡業するようになる（石屋との兼業）。同三年の四月、突然父から財産相続の手紙を貰い、秋田県本荘町で二十余年ぶりに再会する。『世間師』からその場面を再現。

鳥海村の百宅は父親の生まれだ所で、家には田も持っているんだし、若勢方を置いで、自分だけ本荘さ隠居して、飴売りしたり人形刻みしたりしてた。

〈中略〉

父親は顔を見るまでは、私も〈会いてえなー〉と思うだけでの、本荘で会ってみだば、さほどでもねえんだ。別に何も感じなかったね。私に、「お前は生まれで投げられ、俺にも投げられ、母にも投げられで苦労したろうなー」って涙こぼすけ。それでも、義理の母親が居るもんだすけ、その目を考えるがら、私を自分の子だって思うようにできねえわけだ。

じつはこのとき、與八は笹子《じねご》の女で、亭主が二号を持っていたため、自分は子どもふたりいたのを捨てて、與八のところに身を寄せていたカネヨという婆さん（天楽丸の表現）と暮らしていた。二人に子どもがいない（できない）ため、天楽丸に「財産くれるがら」という手紙が與八から届いたのである。與八宅では木内勇吉（後述）と出遭っている。

天楽丸は少し面食らっていた。はじめて接する人間関係にとまどったというべきか。

本荘さ来でみだれば義理の母親はいるし、百宅さは養子を貰って二代がいるって言うんだの。そん時、父親から「百宅まで行げ」って言わっで、初めて百宅さ行っだ。父親がら手拭い二十本貰って、「これを御土産にして、親戚さ顔を出せ」って言われで、鉛筆で紙さ親戚の人の名前を書いで貰って、そして、顔を出して、私の従弟の家の鈴木栄治さんの家さ泊またんです。

百宅でば、鳥海山に近い山の深い所でした。今では「七不思議」見物に旅からも相当人が集まる所です。それは、弘法様が百宅さ来て、「宿を頼む」ったば、誰も泊めっ所が無くての、不思議を表したっていう伝説がある所なの。

ついに天楽丸は父の在所にはじめてまみえたのである。手拭い二十本を準備し、親戚の名前を紙に書きとめる與八の姿に、血でつながった息子をふる里へ送りこむ父親の胸の高鳴りが聞こえてくるようだ。それにつけ、昭和の初年には、百宅は弘法伝説をふくむ「七不思議」で世間に知られていたとは、ちょっとした驚きだ。不思議見物の旅行者も相当いたというのだから、なおさらだ。

梵天野に父親の墓碑を刻む

百宅に入った天楽丸は、ふる里でしばらく石屋をすることになる。このとき、父の異父弟の金子磯次から父の生い立ちを聞く。さらに、親族会議が開かれ、結局天楽丸の財産相続は認められず、代わりに父から形見の人形道具一式が譲られる。短い期間ではあったが、天楽丸がふる里・百宅で過ごした月日は、それなりに充実していたとみえる。次のような証言から、それがうかがえる。

そして、私は百宅でしばらぐ石屋をやって、そごの墓所の石塔を刻んで行ぐんです。それがら百宅で人形芝居もやって喜ばれました。

私がひとりで石を刻んでると、子供たちがよぐ遊びに来たんです。そのうぢ、九星学で時間の星がら追って行ぐど分がんです。〈もうすぐ女がここにやってくる〉とが……。子供が邪魔だど思って、そう言ったんです。何と私が石を刻んでいる所さ、女が三人も四人も来て、この辺出しての、私さ突っ込んでくんの……。私のどごが良ぐで来るんだが、もでだわけです。だがら「女たらし」みだいに、私もうらみごとは言われたのです。それで困ったんです。

今の嬶《かかあ》と一緒になってからは、誰も来ねえがの……。

突然の闖入者《ちんにゅう》であるにもかかわらず、天楽丸が瞬く間に村の人気者になったことが、よくわかる。墓石を彫り、人形芝居まで見せてくれるのだから、村人にとってはこれほどありがたい来訪者はいないわけだ。子どもたちの受けもよく、とりわけ村の女たちを夢中にさせた。男たちからは妬まれ、〝女たらし〟とみなされた。しかし、遠縁のアサエと結婚すると、女たちが押しかけてくることもなくなり、女たらしの評判が立つこともなくなった。

アサエとはどんな存在だったのか？　本人の証言で再現すると……。

実家は金持ちだったな。わしの母がわしど弟を投げで家がら出だな。とにかぐ、実家は田畑も百宅一だったのよ。土蔵も蔵もあったし……それが父親の忠太が酒飲んで半分程にしてしまたって……。

学校時代は遊びで唄たんでもの……芸なんか何も知らねなよ。村の小学校（百宅小学校）卒業してがらも別に何もしねで、家に居だなよ。

天楽ど一緒なてみだば、親類だおの。して父親の與八が本荘がら百宅さ来て、わしの家さ泊まったんだ。〈こうやって一緒なたがら、三味線でも習わせで、芸やらせるがら〉って来たんだ。そんでも、巡業なんて考えでもいねかったよ……。

アサエは今でいう〝箱入り娘〟のような境遇の中で育ったのだろう。だから、小学校を卒業後も何もしないでいられたのだ。そのアサエに義父である與八は、せっかく天楽丸と夫婦になったのだから芸を覚えるよう、すすめる。覚えるいとまもなく、アサエは天楽丸について宮城県内を巡業。もどってきたところで、與八の急死に遭遇する。〈水屋で転んで〉というのが定説であったから、私も『世間師』を手に入れるまでは、疑うことなくそれを信んじていた。

だが、じっさいは定説とはだいぶ違っていたらしい。以下は天楽丸の貴重な証言。

与八は本荘と百宅を行ったり来たりでした。そして、万七という養子の家に泊まってたの。そごの家に与八の孫みでえにしている男の子が二人居たの。それが二人とも言葉が不自由なんだ……。昼間与八がその日囲炉裏の横座にこうして寝でいたらの、その側で男の子は火箸焼いでだな。木さ五寸釘ぶったのを外れないな。外れないために、頭いいもんで火箸を焼いで木さ穴をあげでとろうとした。男の子はそれを枕元でやったため、煙いでしょ。与八は、「けむてえー。そんだごどやめれ」って言ったんです。そしたら、釘とるっていじってたのが、「ヤメロ」って怒られたもんだがら、「なにお、これ」って言うんで、与八がこうして寝でだどころを木で右の耳上を叩いだんです。下の八つくれの男の子が……。それで釘が頭さぶっ刺さったんです。血が出での。私は一晩寝ないで看病しました。

それが元で四十二日目の昭和三年の十二月二十日、本荘（田町）の家で死んだんです。これを露骨にしゃべっては、その当時まだ子供の親たちがいだがら、〈気の毒だ〉ど思って、〈与八は流しで転んで〉どいうごどにしたの……。

与八が死ぬ時、茨城の波崎から大山ツイという人が来ての、私の腹違いの姉ど初めで会ったの。それでも周りが「あまり自分達の話をするな」って言うけがらの。ああ、何とも言えぬ気持ちだったの。


今さら與八の死因をとやかく詮索する気はさらさらないが、まさか八歳の孫がそこに絡んでいたとは、想像だにしなかったことだ。名人の末期にしては、何ともあっけない幕切れというべきか。

それよりも、ここで見落とせないのは、與八臨終の時、茨城から大山ツイが駆けつけたことだろう。前述したとおり、ツイは與八とサト（大山義男の娘）との間にできた子で、サトは一時、ツイを連れて百宅に住んだことがある。だが、百宅の冬の雪の深さに度肝を抜かし、娘を連れて茨城に逃げかえったとされる。與八とサトとの関係は二年ぐらいで切れたが、與八の臨終に娘ツイがきたということは、サト親子が茨城にかえったあとも、お互い連絡だけはとり合っていたのだろう。

それとは別に、天楽丸は岩手に家庭をもっていたはずであり、百宅で新しい妻（アサエ）と住みはじめた当人は、カメコとの関係にどうケジメをつけたのだろうか。


私が岩手に嬶が居たというのをアサエは覚えてたんです。私が「むごうどは離れっがら」って、アサエは「それでいい」ってわけで一緒になたんです。むごうの嬶には手紙で教えでやりました。

「俺はこっちで嬶を持ったがら帰られねはげ、子供を頼む。子供は大きぐなれば俺ん所に訪ねて来るんだから、宜しく頼む。俺も何とかしてやる」ど、むこうさ手紙やって、それがら間もなく私が岩手さ行って来たんです。そしたら、むごうでは異存は無かったが、ただ嬶は、「俺は働ぐだけ働ぐし、物を貰えばええ」って理解はあったんですけ。それで、嬶には岩手の佐々木家の財産、家も何もくれで子供つけて、そのまんま……。

こういう時代があったのだ。ふたりの女性の、何と潔いことか。アサエの「それでいい」と、カメコの「物を貰えば（それで）ええ」のあっさりした返事に、当時（昭和初期）の女性の地位と時代背景といったものが凝縮されている。と、同時に、與八に呼ばれて突然〝表舞台〟にあがった天楽丸だが、やはり血は争えないというか、私には與八と天楽丸が二重写しに見えて仕方がない。それにしては、あまりにも短く、はかない親子の再会だった。

與八が急死した翌年の春、天楽丸は父の墓碑を刻み、梵天野《ぼんてんの》の墓地に建立した。そのときの思いを、天楽丸はこう語る。

それから、春なたもんだし、百宅さ行って父親の石碑を自分で刻んで建てたの。今もあります……。百宅の墓は大した大きい墓で、二反歩もあるよ。この辺はみんな土葬だの。私の父親だけは本荘で亡ぐなったがら、火葬にしてお骨にして持って行ったの。戒名は「鶴声斎東北若丸居士《かくせいさいとうほくじゃくがんこ》士《じ》」だ。「鶴声」は、与八が声良かったからで、若丸を「ジャクガン」で居士の菩薩号です。お寺さん方、おら家さ来て、与八の戒名がいいもんだから、たまげでの。

　百宅では他に三十六人分の石碑、みんな私が刻んだな。私がこの嫗ど一緒になって、昭和三年から一年間にね。百宅で石屋の弟子も一人とりました。

與八の墓に参る一太郎さん（左）と斎藤邦男さん

梵天野の墓地には一太郎さんに案内してもらい、石碑の実物と対面した。墓地の中でもひときわ目をひく大きな墓石で、天楽丸自慢の戒名も今でもくっきりと読みとれる。墓地をふくむ一帯、つまり梵天野は昔〝さいぢち町〟と呼ばれ、さいぢち市まで開かれていたらしい。さいぢちとは斎日のことで、月のうち八、十四、十五、二十三、二十九、三十の六日間を六斎日と定め、殺生禁断の日とされた。これらの日は休日とし、人々は寺に詣で、また市を開く決まりになっていた。
　百宅は昔からマタギの村（次章参照）として有名で、猟でとった肉や獣皮、クマの胆、また百宅独自の箕や籠の細工物、下駄などの木工品、そして山菜を多く産する別天地であった。斎日の幾日かは、この地の特産品と、他の地域からもたらされる日用品の交換で賑わう市日であったに違いない。隣の旧矢島町の津雲出《つくもいづ》郷《ごう》（現元町一帯）も市場制で知られた殷盛《いんせい》地だが、そこが平地であるのに対し、百宅のさいぢち町は山深い辺境の地。さいぢち町の立地の特異性が理解できるだろうか。

紙幅との関係で、天楽丸の後半生はかなりはしょってたどらざるを得ない。さて、父の墓碑を百宅に建立したのち、天楽丸夫婦はその年の暮れには本荘から金浦《このうら》（現にかほ市）に移り住む。この地で長男・武雄が誕生。以後、一家で酒田市宮海に定住（昭和九年）するまで、東北から北海道にかけての各地を巡業し、時に巡業途中で仮住まいをしつつ、旅芸人として重要な時間をすごす。その間には、岩手大芦に立ち寄り、先妻との間にできた長男・正男（当時十一歳）を座に加える。

宮海集落に定住するキッカケとなったのは、天楽丸が酒田周辺を巡業中、宿で観音経を詠んでいる姿が宮海の区長の目にとまり、村の小走り役（小使い）として定住するようすすめられたからだった。阿彦は『世間師』のあとがきに、こう記す。

人形芝居に脂の乗り切った時期ではあったが、次々に生まれる子供を連れての旅廻が容易なはずがない。人形を担いだ喰えぬ旅芸人から喰える村人として在所の心を得た天楽丸は、一時戦時労務者として村を離れるが、昭和九年以来半世紀、人形芝居の巡業に出る一方で、ありとあらゆる村仕事もしたたかにやり続けてきた。それは、小走り、火廻り当番、地引き網や松葉さらいといった村仕事の合図である太鼓打ち、浜辺の監視人、飛砂の村宮海の砂防工事人夫、野辺送りの死者を焼く隠亡役、公民館に宿をとる旅芸人の世話等である。

宮海公民館に落ち着いたといっても、村の雑用だけで一家を支えることはできなかった。だから、巡業の旅をやめるわけにはいかなかった。昭和二十三年には長男・武雄は〝文楽〟を名乗り、同三十二年には映画・テレビ時代を予測し、文楽が中心になって『アリババと四十人の盗賊』を完成。学校教育劇を模作したものだった。だが、三十年代も半ばになると、テレビが農村部にも普及し、人形芝居への客入りが目に見えて悪くなり、親子は巡業を中止せざるを得なくなる。頼まれたとき以外に芝居をやることはせず、武雄は出稼ぎに出たり、片や天楽丸は港湾労働や浜の監視の仕事につくしかなかった。

昭和四十四年にはようやく新居（自宅）が完成し、公民館を出る。自宅では呪《まじな》い、方位・運勢判断をして、生計を立てた。同四十九年には、猿倉人形の木内勇吉・吉田千代勝・鈴木栄太郎の三座が、秋田県無形民俗文化財に指定される。酒田市（山形県）の座である天楽座に声がかかることはなかった。県が違うといえばそれまでだが、興八の実子で、戦前・戦後を通して人形芝居の普及と芸の社会的評価の向上に努めた天楽丸としては、どこか釈然としないものがあったに違いない。

そのあたりの事情を、『世間師』の著者・阿彦が、天楽丸にかわって〝あとがき〟の中で代弁している。

天楽丸には父・池田与八が旅先で生ませた子供故に父の郷里に定住できぬ当時の事情があったであろうし、「私は与八の弟子達に拒まれた」と言うように、突如出現した「直系二代目」に驚いた弟子達との葛藤もあったのであろう。だが、天楽丸の人生は飽くまでも旅に生き放浪によって磨かれた世間師のそれであったと言える。

伝統芸能が生きのびる余地

ところで、秋田県の無形民俗文化財に指定された三座について、簡略に解説しておきたい。鈴木栄太郎一座は、栄太郎の父吉田勝若（真坂藤吉）が縁あって雄勝郡羽後町三輪野中の鈴木家の養子となり、そこを拠点に活動したことから「野中吉田人形芝居」とも称した。大正から昭和の初めにかけては、座員二十人前後を抱える大きな一座で、全国各地を巡業する本格的な移動人形劇団だった。拍子木を多用するエネルギッシュな舞台で知られ、土着的な中にも浄瑠璃の影響を受けた芸風に特徴がある。

吉田千代勝一座は、旧矢島町新荘の農家の三男に生まれた杉渕喜代三が、昭和四年の二十二歳の時に勝若に弟子入りして、人形芝居のキャリアをスタートさせたのが原点。喜代三の旧姓は木村であったが、合川町木戸岩にあった劇場「会楽館」にたびたび巡業にゆき、そこで木戸銭とりをしていた杉渕ハルと結婚し、杉渕に改姓した。結婚後、兄弟子の清若（小野寺伝太郎）と共に関東方面へ巡業して歩いたが、三十歳の時に独立して一座を結成したのだった。

昭和三十一年、兄弟子である木内勇吉一座との間で〝本流争い〟がもち上がり、マスコミを賑わせた。このとき、仲裁の役を買ってでたのが人形劇団「プーク」の主宰・故川尻泰司で、結果両者はのちに何度か合同公演を成功させている。また、吉田千代勝一座は海外公演にも積極的に取り組んだ。川尻の薦めもあって、昭和四十七年にフランスで開催された「第十一回国際人形劇フェスティバル」に日本代表の一員として参加し、同五十四年には再びフランスに渡り、国際人形劇連盟創立五十周年記念公演に日本の伝統人形を代表して出演している。

最後に木内勇吉一座は、昭和初頭、勝若の弟子の木内勇吉により結成。勇吉は明治三十二年、由利郡小友村（現由利本荘市）万願寺新田の木島仁右衛門の娘フジエと、東滝沢村（現由利本荘市）久保田の木島与右衛門の長男儀一郎の間に生まれた。その後は天楽丸に勝るとも劣らない波乱の前半生を送っているが、紙幅がないのでその詳細は割愛する。勝若から独立して間もない昭和四年のはじめ、一座は知り合いの勧めで樺太興行を打っている。わずか四カ月の巡業期間であったが、当時の時代背景がわかるようで、興味深い。戦中には長男保雄の召集、また勇吉自身も小坂鉱山に徴用され、生活に追われている。

戦後になって、木内家は旧矢島町立石の開拓許可を得て入植するが、生活苦は変わらず、巡業がささやかな現金をもたらした。結局、開拓は行きづまり、一家は昭和四十四年に現在の由利本荘市石脇に転居する。このころには、一時停滞していた猿倉人形芝居の秋田県文化財指定に向けての動

人形芝居の保存継承に
奔走する松田訓さん

真坂勇太翁碑
真坂勇太は勝若の曽孫にあたり、東北電力退職後、「猿倉人形芝居発祥の地である鳥海町に一座を」と願う公民館の勧めもあり、昭和四十六年から木内勇吉に師事。その後、テレビ出演や県外公演もあったが、同六十年ごろに活動を終了した。

きが活発化し、吉田千代勝一座との最初の合同公演が実現したのも、転居前年の同四十三年のことであった。

そうした活動を猿倉人形（百宅人形）の地元（鳥海町）として支えていたのが松田さんで、四十一年に公民館に異動になったのを機に、いっそう人形芝居の保存・継承に奔走したことは、言うまでもない。人形芝居の発祥地にもかかわらず、鳥海に一座も残っていないことが、気掛かりでもあった。

「木内家に繁く通ったのは昭和四十三～四年ごろのことですね。仕事のあと、夜にうかがって、終電（由利高原鉄道?）で帰るのが日課でした。最初は観客として人形芝居を見せてもらい、猿倉人形芝居の歴史話を聞くなど特に技術的なことは見て盗むように言われました」

「勇吉さんはとても厳しい人でした。あるとき舞台裏をコッソリのぞくと、『コラッ!』とこっぴどく叱られました。そのとき、勇吉さんはパンツ一ちょうで奮闘してたんです」

そうした松田さんらの努力は、昭和四十九年の文化財指定を勝ちとり、その後（平成八年）、本海番楽とともに文化庁の

「鳥海荘」前に建つ猿倉人形芝居発祥之地碑

本荘郷土資料館の猿倉人形展示

「記録作成の措置を構ずべき無形の民俗文化財」の選択に結びつく。さらに、同十六年度には三座の県指定三十周年を記念して「猿倉人形芝居顕彰実行委員会」が結成されると、松田さんがその委員長に選任され、翌年猿倉の国民宿舎鳥海荘前に「猿倉人形芝居ブロンズ像」を建立するとともに、顕彰事業の一環として記念誌「猿倉人形芝居」が発刊されたのである。

今、松田さんたちの努力をよそに、猿倉人形芝居の現状は風前の灯、危機的状況にあるといっていいが由利本荘市の木内一座と鈴木一座は今も活動を続けているとのこと。また本海獅子舞番楽は平成二十三年十三団体が国指定となっているものの修験が廃れ、番楽の舞いも少なくなった時代であれば、人形芝居だけがひとり、世間に生き残れるはずがない。だが、ＩＴの技術やロボットで〝マニュアル〟のよさをすべてカバーできると思ったら、大間違いだ。人類のサイボーグ化が完了したのならともかく、まだまだ〝生身〟の人間がこの世に存在する限り、伝統芸能が生きのびる余地はきっとどこかに残されているはずだ。松田さん同様、筆者もそれを信じている。

第九章　ライフルの普及で様変わりした熊猟

百宅マタギと南部とのつながり

二十年ほど前、私が最初に百宅をたずねてみたいと思ったキッカケは、この地が西木村（仙北《せんぼく》郡／現仙北市）や阿仁《あに》町（北秋田郡／現北秋田市）と並んで、秋田を代表するマタギ集落であったからだ。

以前から狩猟文化に個人的に興味をもつ私は、すでに四冊ほどの狩猟本を物している。じっさい阿仁には取材で二度ほど訪れたことがあり、そのときから鳥海マタギの存在は気になっていた。

そんなこともあって、はじめて百宅をたずねたとき、私が真っ先に一太郎さんにお願いしたのは、「もし百宅にまだ鳥海マタギの末裔が生きていたら、会わせてほしい」というものだった。それに対して一太郎さんは、「昔のような〈組〉はなくなってしまったけど、〝熊捕りの長吉〟の異名をとる名人がひとりいます。上百宅の金子長吉さんです」と、答えてくれていた。私はとるものもとりあえず長吉さんの家に急行したことを、今でも鮮明に覚えている。

そのインタビューの内容はあとで紹介するとして、百宅マタギ（鳥海マタギ）の歴史を大まかにふり返っておきたい。戦後間もなくのころまで、百宅には三組のマタギ集団がいた。下百宅の金五郎組と文平組、上百宅の七蔵組である。各組にはそれぞれ縄張りがあって、やたらに他の組の猟場に入ることは許されなかった。文平組が〝元締め〟だったとされ、シカリ（師狩＝マタギ頭）の文平は猟の達人で、いかなる獲物も彼の向ける鉄砲から逃れることはできなかったらしい。

この組には、三左衛門という「山先」がいて、藩から見回りの役人などがきた場合、同行して道案内するのが役目になっていて、ふだんも山の見張りを欠かすことがなかった。じつは三左衛門は一太郎さんの佐藤家の家号で、今回の取材で明らかになるまで、一太郎さんは先祖が山先の役割を担っていたことを知らなかったという。

「子どものころから、屋根裏に古い駕籠《かご》が仕舞われてあるのが不思議でならなかった。三左衛門が藩政時代に山先であったことをはじめて知って、合点がいきました」

と、一太郎さんは驚きを隠せない様子だった。もちろん、天井裏の駕籠は見回りにきた役人をのせるための、当時のタクシーのようなものだったわけだ。その運転手役を佐藤家の先祖が任じていたのである。それはともかく、上百宅の七蔵の猟も勇敢で定評があり、その鉄砲は百発百中と畏れられた。各組が縄張りをもっている一方で、時に共同で狩りをすることもあった。

百宅マタギの狩り場は、上《かみ》・下《しも》玉田から庄内山、最上山、さらに仁賀保山へかけての広い範囲にわたっていた。庄内山は百宅からみて南方の山岳、最上山はそれより西方の鳥海山中腹の峰々、また仁賀保山は現にかほ市側（海側）のもっとも遠い猟場を指す。内山（秋田県側）では主に兎をとり、シシ山（熊狩り）の舞台は最上山が中心だった。その最上山にはいくつもの〝スノ〟があった。

スノとはマタギの猟のベースとなる岩穴で、最上山には「大スノ」と呼ばれる巨大な岩窟があり、大人数の猟師が泊まることができたという。洞の中で火を焚くと、たちまち内部が熱くなり、真冬でも素っ裸でいられたほどだった。熊猟でスノに宿る場合、上座にはシカリが座り、次いで大マタギ、小マタギが座を占めた。朝には水氷をとって山神様を拝み、シカリが『山立根本之巻』を読み上げ、朝食をとってから狩りに出る。この朝の儀式を〝スノ祝い〟という。

山では日常話す言葉を使うことは許されなかった。すべて山言葉（マタギ言葉／後述）で、それ以外はタブーだった。熊狩りの場合、巻き場が決まっていて、メッテ（マイテ）・オッテ（オイテ）によって狩りが行われた。メッテは九州などでいう〝マブシ〟のことであり、同じくオッテは〝セコ〟のことを指す（拙著『罠猟師一代』などを参照）。熊猟では狩り場の状況がひと目で見える場所が定められていて、そのポイントを〝見る長根〟と呼んだ。

見る長根には声の大きいマタギを配置した。その上で、山の下からオッテが大声をあげて熊の追い上げにかかると、熊が右往左往するのを見る長根から見届け、担当の者はすかさずメッテに〝ハケ〟で熊の動きを知らせた。ハケとは小長柄の先にダオ笠をつけたもの。さて、熊が登ってくるタジ（猟の待ち場）を守るメッテは、五〜六間の距離まで十分熊を引き寄せたところで、銃の引き金を引いた。熊がほかの鳥獣と違う点は、射手はけして熊の胃に向けて撃ってはならないことだ。貴重な現金収入になる胆《い》（胆嚢《たんのう》）を傷つけないためである。

前に、スノから猟に出る朝、シカリが『山立根本之巻』を読んでから朝食をとり、狩りに出かけ

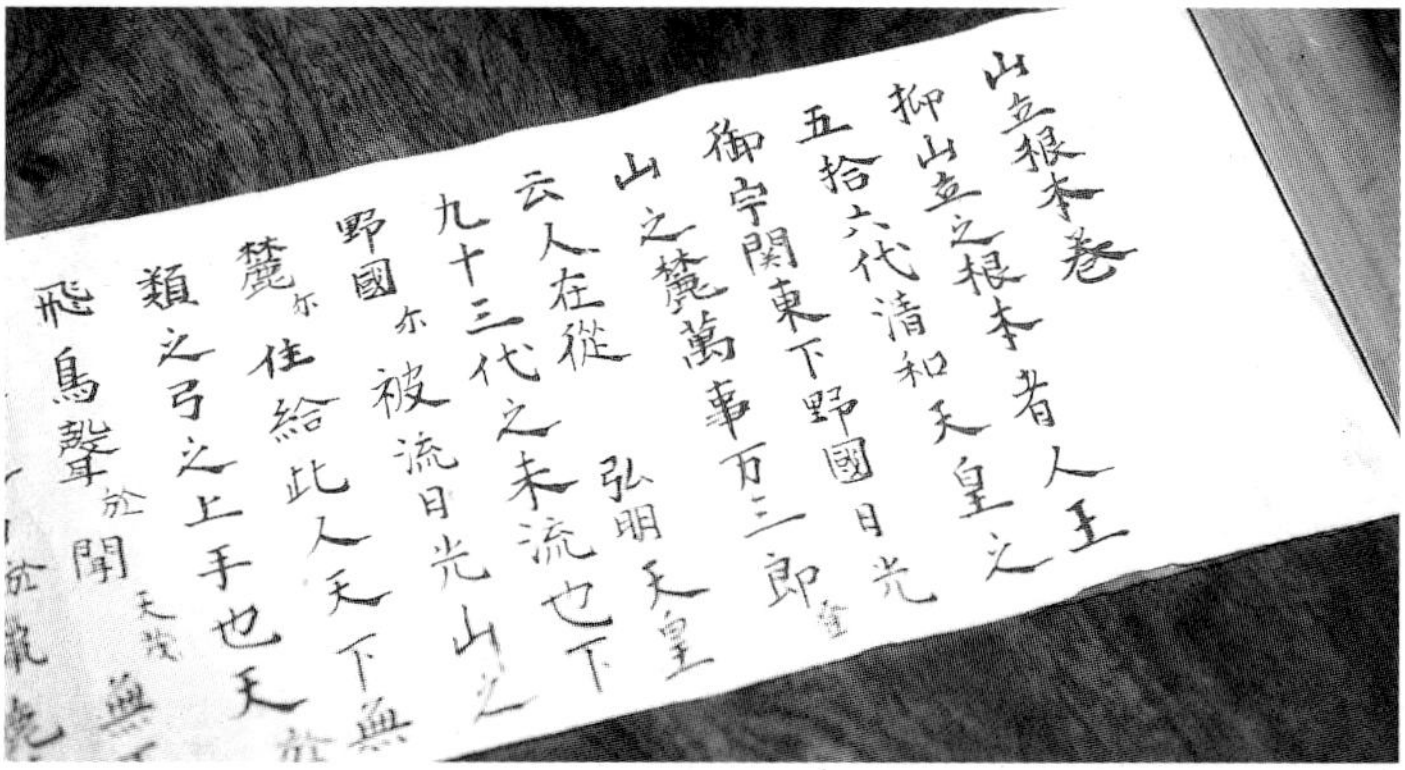

『山立根本之巻』

ると書いた。猟師の流派には大別して日光派と高野派があるといわれ、鳥海マタギは県内各地域のそれと同様、日光派に属している。この日光派に伝わるのが秘伝の『山立根本之巻』という巻物で、高野派が伝えるのは『山達由来之事』とされる。現在、三軒のシカリのうちでこの『山立根本之巻』を所有しているのは七蔵家だけで、今回、現当主の斎藤邦男さんの許可を得て、『山立根本之巻』の現物にまみえることができた。ちなみに、邦男さんは百宅町内会の副会長と、ダム地権者の会の副代表をともにつとめる。両会の会長は、若手（それでも六十九歳）の一太郎さんが任じている。

巻物は完全な漢文で、八百字ほどの長さで綴られている。紙幅の関係でその漢文の掲載は省略し、読み下し文だけ以下に掲出する。

清和天皇の御代、下野国日光山の麓に万三郎という人が住んでいた。この人は天下無双の弓の名人で、空飛ぶ鳥を射落とし鹿や猿などの獲物を捕って狩猟生活をしていた。

そのころ、日光権現は上野国の赤木明神と度々合戦したが、赤木明神は十丈（三十メートル）余の大ムカデであったから、日光権現はいつも戦に負けていた。

ある時、権現は白鹿となり山へ出たので、万三郎は不思議に思って三日三晩神に願をかけ、権現堂の庭まで行って見たら、白鹿はたちまち権現となって現れ、次のように申した。「万三郎、汝をこれまで引き連れて来たことを詳しく言うならば、これまで赤木明神と度々合戦したが、赤木は長さ十丈にも及ぶ大ムカデである。予は大蛇であるから合戦には勝つことができなかった。そこで日本一の弓の上手な汝を頼んで、赤木を射とめてもらいたいと思っている。そして若しそれに勝ったならば、汝は日本国中のどこの山でも嶽でも自由に行って猟をしてよろしい。幸いにも今月十五日に合戦をすることになっているから、その用意をするがよい」と言った。

そこで万三郎は平身低頭して、「有り難き仰せ、仰せのとおりに従います」と述べると、権現は白木の弓に白羽の神通の矢を万三郎に下さった。有り難くおしいただき、やがて合戦の日がやってきた。

その日は山を揺り動かすほどの雷鳴を伴った大暴風雨となり、稲妻がしきりに走ったが、万三郎は少しも驚く気配がなく、白木の弓に白羽の矢をつがえて放ったところ、明神の左の目に当たり、二本目の矢も右の目に命中し、たちまちのうちに両眼を射られた赤木明神は早々に赤木に引き揚げた。

日光権現は大いに喜んで、内裏に逐一万三郎の手柄を申し上げたところ、御門は大変感心して御褒美に日光山の麓に大明神として奉祝され、全国どこの山でも狩りをすることを許された。今、山の神として祀られているのは、万三郎のことである。山へ行くには月の十五日に沐浴精進して、明神を拝み、「南無西方無量寿覚仏」と一日に二万二千回唱えれば、産火・死火など一切穢《けが》れることはない。

万喜元乙丑四月十七日

奥州南部大挾間　佐藤長吉　印
羽州矢島百宅村　渡部孫四郎　印
同国矢島百宅村　斎藤七蔵

以上が『山立根本之巻』の要約だが、当地には貞観三年（八六一）に岩手県南部の大挾間（大迫か?）から菅原仁左衛門という狩猟の名人が百宅にきて、池田実之八にこの秘伝を伝授したという伝えがあり、これが百宅マタギの祖といわれている。この巻物の巻末にも、奥州南部大挾間　佐藤長吉印とあるところから、百宅マタギと南部とのつながりが推定されるのである。『山立根本之巻』は笹子の太田善五郎家など、百宅以外でマタギの頭をつとめた家にも保存されていて、内容はいずれも同じである。

アイヌと羆との関係を思い出させる熊祭り

さて、熊にメッテが放った銃弾が命中すると、「山神！」と叫ぶのが仕来りだった。熊が倒れると、メッテ・オッテがこぞり集まり、勝関《かちどき》をあげる。続いてシカリがすかさず射止めた際の唱えごとをあげ、熊の顎に縄を通す。これは〝顎縄〟と呼ばれるもので、マタギの間では特に重要な意味をもっていた。顎に縄を通さないうちに他の組が馳せ参じた場合には、（分配の）仲間に入れる決まりになっていたからだ。

熊の手足に縄をつけて山を下りると、山の神の御堂に参り、空砲を撃って山神様に猟のあったことを報告する。次に獲物はシカリか射止めたマタギの家に移され、皮を剝いで解体する儀式（熊まつり）を行うが、これを〝タチ〟という。その手順は、まず熊の頭を北にして仰向けにする。使った猟具はすべて熊の南側に立てる。ここから皮剝ぎに入るわけだが、最初にシカリが小刀を熊の口に立てて、四肢をそれぞれ四人の者に押さえさせる。小刀を入れる順序は——

①口元から胸元へ
②左の前肢の先から胸元へ
③右の前肢の先から胸元へ
④左の後肢の先から股へ

⑤右の後肢の先から股へ
⑥腹部を胸元から股へ
⑦胸元の交わる部分
⑧股の交わる部分

こうした手順で切り離した皮は、頭と尻を反対にして、いったん熊の体にかぶせる。その上で〝熊弔いの法〟として、次の呪文を三回唱える。

ボウホウ　フジョウ　ブックヮトトク　ワレエンアルケダモノ　センビキニイタルマデ　ナムサイホウ　ムリョウ　ジュカクブツ

この唱え言葉は、熊が成仏できるよう引導を渡す意味が込められている。引き続き解体（トキ）に移るわけだが、最初にとり出すのは心臓と腎臓だ。そして大事な胆嚢をけして傷つけないように慎重にとり出す。心臓と腎臓は挾み串で焼き、藁《わら》でつくった〝皿結び〟（藁製の皿）にのせ、山神に供えて拝んだのち、切って手渡しでマタギたちに分配し、オソ（合図の口笛）を吹いて一斉にいただく。

こうして一連の儀式が終わると、あとは大鍋で骨ごと刻んだ肉を味噌煮にして、大皿に山と盛り、豪勢な酒宴がはじまる。昔は酔いつぶれてもまた目を醒まして加わるという具合で、二日間も飲み明かしたらしい。食べ残した肉は平等に分配され、めいめいで家に持ち帰り、そのお裾分けは親戚の家々などにも届けられたという。

そうした組での狩猟に終止符が打たれるのは、戦後間もなくのころであったらしい。長吉さんの父親（長太郎／金五郎組に属す）もそんな組猟の最後のメンバーであったと思われる。

「鉄砲で暮らしを支えられたのはオヤジの代までですね。冬がくるとカンジキを履いて、米や味噌を背負って雪山に出かけてゆくオヤジの姿を、今でもはっきりと覚えています」

と、長吉さん。しかし、頼みの父親は長吉さんが十七歳のときに突然他界。一家を背負うことになった長吉さんは、山仕事と冬の猟で四人の兄弟と四人の子どもを育て上げる。村の男たちが収入源を都会への出稼ぎに求める中で、長吉さんは腕に自信のある鉄砲を手放さなかった。当時はまだ山に獲物が豊富にいた。

現金になったのは、熊よりもむしろイタチ、テン、ムササビなどの小動物だった。それらの毛皮が高く取り引きされたのだった。

「皮一枚が米一俵と同じ値段で買いとられた。日雇いの日当が二百五十円の時代だったが、それに匹敵した。兎の皮でも一枚五十円はしたからね。四、五羽捕れれば、日当分は簡単に稼ぎ出せた」

皮に加えて猟師の家計を支えたのが胆だった。熊の胆は冬眠前は胆汁が少ないために薄く、冬眠あけになると逆に丸々と太っているらしい。乾くと四分の一ほどの大きさになってしまうが、秋に捕れた熊の胆はいっそうその薄さが際立つ。「胆は金《きん》より高い」と長吉さんが言うとおり、厚さ二ミリ程度で一センチ四万ほどの一片が、じっさい一万円以上もする。万病に効くというその効能は絶大なものがある。

平成十八年の初頭、長吉さん宅に二度目のインタビューでうかがったときのことだった。その日、私は持病の大腸の痛みが出て脂汗をかいていた。そんな私を見て、長吉さんは耳垢ていどの胆を湯で溶いて私に飲ませてくれた。するとどうだろう、腹の痛みは瞬間的におさまって、気分よく取材を続けることができたのである。このとき私は、昔から熊の胆がマタギの間で金同様（か、それ以上？）に珍重されてきた理由を、身をもって理解したのだった。

この十八年のインタビューのとき、長吉さんはシーズン序盤にして五頭の熊を捕ったと、鼻高々だった。しかし今回、十年の歳月は名人から体力・視力を奪い、「鉄砲はもう措《お》いたよ。六年前にね」と淋しい言葉を私に投げかけるばかりだった。そういえば、長吉さんの最後の（鉄砲の）弟子であった一太郎さんも、すでに五年前に狩猟免許を返納している。その一太郎さんがまだ現役のころ、ちょくちょく一太郎さんと組んで猟に出かけたのが、鳥海町が合併（平成十七年）して由利本荘市になるときの最後の町長、佐藤源一さんだった。

長吉さん（10年前）

「農業は春が忙しいから、熊猟はやりませんでした。一太郎さんを中心とする何人かで、兎を狙ったんです。法体の滝

源一さん

の上流の五本木平あたりが猟場でした。当時は、一日に二羽なら二羽捕ると、どんなに天気がよくても、それ以上捕ることはなかったですね。昨今のハンターのように、捕れるだけ捕るようなことはしませんでした。資源を絶やしてはいけないという思いがあったんです」

「厳しい生活環境の百宅あたりでは、兎はタンパク源としていっそう貴重でした。内臓はもとより、皮まで残さず食べるんです。チリチリになるまで皮を焼いて、それを湯にもどして細く刻み、酢味噌で和えて食します。これがオツ（な味）で旨いんです」

源一さんの兎猟の思い出だ。兎料理なら私も何度か一太郎さんの家でご馳走になっている。兎汁がもっともポピュラーな料理で、今は天国に先立った静子さん（一太郎さんの母堂）の得意料理だった。内臓は別にして味噌炊きにするのだが、細い腸はわざわざ裂いたりしないから、糞が詰まった状態で炊き上がり、それがそのまま皿に盛られて供される。最初はそうと知らずにムシャムシャ食べていたのだが、何となく植物繊維を噛む感覚があり、それで糞だと気づいた次第。もちろん、わずかの糞で料理の味がかわるはずもなく、また私の食欲も何らそがれることはなかった。

源一さん宅での集まり（直会。猟師と牛飼い）

源一さん宅での直会ででた猟師料理の数々

源一さんはさらに、長吉さんにまつわる記憶もとどめていた。

「アレは昭和四十四～五年ごろのことだったと思います。長吉さんは当然現役のバリバリで、〝熊捕りの長吉〟の勇名をほしいままにしていました。熊が捕れたということで、百宅から熊祭りに招かれたんです。長吉さんが（祭りの）当番だということで、ワクワクしながら百宅に向かったことを覚えています」

「熊祭りはふつう三日間ぐらい、ぶっ通しで楽しみ、熊に感謝するものです。一日目はまず猟師たちが思う存分飲んで食べ、二日目には友人や役場の職員などを招きます。最後の三日目になってようやく、女性たちの参加が許され、残った肉で盛り上がるんです。アイヌと羆《ひぐま》の関係はよく知られていますが、百宅マタギと月の輪熊との関係も、それに近いものがあったわけです」

こう語る源一さんは、狩猟を通して百宅の土地に親しめば、親しむほど、その風土の奥行、また気高さというものに気づきはじめたという。

「はじめは町内の一部落としてしか見ていなかった百宅が、知れば知るほどとんでもない存在であることがわかってきたんです。京文化、つまり中央の文化は山形から鍋倉（峠）をこえてまず百宅に定着して、そこから下界、北東北に広がった……。それは伝説ではなく、事実だったんです。小野小町が百宅の出身という説がありますが、その真否はともかく、百宅が平家の落人集落だった可能性はいくらでもありうると思います」

源一さんはこう、熱を込めて語る。最近、源一さんが手に入れた極めつきの資料は最後に紹介するとして、もうひとつ今回、源一さんから教示を受けた興味深い資料（単行本）がある。それは新潟在住の熊の狩猟民俗研究者、赤羽正春さんが著したその名も『熊』（法政大学出版局刊）という著作だ。その巻頭に長吉さんが登場する。熊の民俗の専門家ならではのアプローチが随所にあって、私は狩猟名人の長吉さんに対する印象、また尊敬の念を新たにすることができた。

本結び・縦結びの区別ができる熊

この著作を通して、私がはじめて気づかされた長吉さんの知られざる横顔、さらには深遠な狩猟哲学を紙幅の許す限り紹介したい。さて、赤羽さんの長吉さんに対する最初の質問は、〝血〟に関するものだった。

「熊を仕留めたときに、熊の血を飲んだかね」という質問に対しては、「ああ、呑んだよ。生臭いものではなかったな。さらっとした感じだったよ」

この一言が、あっけなく出てきた意義は大きい。熊の民俗を追って百宅に向かった意義があった。熊の血を呑む伝承を追うのは、熊が人々の生活の基層に生き続けていて、熊の血を人の体内に入れて再生・復活を祈る事例が北方文化のなかから顕在化してきたからである。熊と血の問題は熊の血をつなぐ者が誰なのか、生命力を復活するのは誰なのかという新たな問題に進んでいく。

私も自著『のさらん福は願い申さん』の中で、イノシシの〝生血・生肉の食習俗〞を扱っているが、熊の血には人間の再生・復活と結びつく深い精神性ないしは文化性が宿っているようだ。だからこそ、宮沢賢治は擬人化した熊を主人公に『なめとこ山の熊』を著したのだ。ここで赤羽さんは、「熊の血をつなぐ者が誰なのか」、さらには「生命力を復活するのは誰なのか」といった問いを発しているが、前者については全国的な猟師（マタギ）の減少に加え、ゲーム化する狩猟の問題もあり、今後はいっそう熊の血の（飲用の）継承は難しくなるに違いない。

熊の血により「生命力を復活する者」の像は、なおさらに見えにくい。想像するに、全国的にみても、熊の血を日常的に飲用している猟師の数は、ほんのひと握りもないだろう。今、生命力の復活が望まれるのは、猟師よりむしろひ弱になった一般人のほうだろう。彼らこそ熊の血を常飲して生命力の復活をはかるべきなのだ。そうすれば、熊が人々の生活の基層に生きることができ、人間と野生動物の付き合い方もおのずと変わってくるに違いない。だが、振り返って現実の生活をながめるとき、（熊の）害獣の側面は別にして、人と熊の接点は皆無に等しく、このままでは両者がそれぞれの役割を果たす場面がやってくることなど、とうてい思い描くことはできないが……。

タナ（熊ダナ）についての長吉さんの観察も、余人にはとても考えつかないものである。

熊がタナを架けるのは木の実を食べるために枝木を折って自分の居場所を作るためだが、本当のタナというものをみんな知らないんだ。冬眠前に大木の上でハンモック状のタナを作って甲羅干しをするんだが、これが本当のタナだ。

タナというと、熊が木に登って枝を折り曲げて実を取り、自分の尻の下に枝を入れて木の上で過ごす場所を指すのが一般的である。ところが、熊は冬眠前の二から三週間ほど絶食をし、木の上にハンモック状のタナをかけてここで甲羅干しをするというのである。このタナこそが本当のタナだと長吉さんは言う。

「熊が穴に入るのは冬至」だという。

冬至までのみぞれ交じりの時雨《しぐ》れる日々の中で、天気のいい四から五日間は必ず木の上に作ったハンモック状のタナで甲羅干しをするというのである。十分背中を干した後、積雪が根雪となるとわかると、穴が塞がれる前に、一直線に穴に入るという。このタナの話は注目すべきものである。（傍点筆者）

ふつうに考えれば、冬眠前には熊でなくても、腹いっぱい食い溜めをしたいのが人情ならぬ〝獣情〟だと思うのだが、あろうことか、熊は冬眠前の二〜三週間は絶食をするものらしい。その上、わざわざつくったタナは木の実を食べるためだけでなく、冬眠前の甲羅干しに利用するのだという。絶食は冬眠前の準備段階と考えればありえる気もするが、甲羅干しには（熊にとって）どんな効能というか、利点があるのだろう。ハンモック様の細部の構造はわからないが、木のテッペンで優雅に甲羅干しを楽しむ熊の図は、テロやミサイルでかまびすしい人間界をよそに、何とも平和で、いとおしく感じられてならない。

タナと関連して、長吉さんは次のような知る人ぞ知るエピソードを開陳している。

熊はブナやミズナラの巨木に登ってタナをかけるが、枝を両側から集めて縛るときにはそれぞれ二回転捻《ひね》って結ぶのだが、すべて本結びにしている。縦結びというのは一つとしてない。太い枝は噛んでから捻って結びやすいようにする。人間でも縦結びと本結びの区別がつかない人がいるのに、熊はすべて本結びをやっているんだよ。（傍点筆者）

驚きの報告である。本結び・縦結びの区別はともかく、熊が木の枝を縛り合わせることができることじたい、すごいと思わないか。だが、熊もすごいが、それ以上にびっくり仰天させられるのは、長吉さんの人間業とは思えない観察眼だ。タナのハンモック状に編まれた木の枝が、すべて本結びで結束されていることなぞ、いったいどこの誰が気づいているだろうか。この一事をとっただけでも、長吉さんがただのマタギでないことがおわかりいただけるだろうか。

最後にいわゆる〝イチゴ別れ〟の言い伝えを紹介する。まず長吉さんに持論を語ってもらおう。

熊イチゴというものがある。イチゴ別れの舞台となった。「母熊はこのイチゴがなっているところで、仔熊にイチゴを食べさせる。仔熊が夢中になってイチゴを食べているとき、母熊はそっと姿を消して仔熊と別れる」という言い伝えはここにもあるが、母熊が仔熊と別れるのは、交尾に来た屈強な雄の熊が仔熊を追い払うのだ。

長吉さんは夏土用のイチゴ別れ自体は否定しないが、少し話ができすぎているというのだ。同様に、雄の仔熊と連れ添う母熊の姿についても、少し違うという。

「仔熊は二頭の場合、雄と雄、雌と雌の場合も結構ある。いずれにしても、母熊と離れるときには強い雄が母熊とできて、交尾する雄が子供を追い出すことが多い」

この強い雄とは何か、詳しく語ってくれたのが、ワタリ熊のことであった。「ワタリ熊は八尺といわれ、巨大な雄だ。この熊が母熊と交尾する。「ワタリ熊は、全国の母熊に種付けをして歩いているんだ」という。その地で繁殖している雌熊とその仔熊たちはこの強い雄熊に手が出せない。仔熊はこれで母熊と別れるというのだ。

これまで私も、〝イチゴ別れ〟は美しい母子熊の離別譚とばかり思っていた。しかし、長吉さんによれば、じっさいは母熊目当てに交尾にきた屈強な雄熊が仔熊を追い払っているのだという。しかも、その屈強な雄熊は全国の母熊に種付けをして歩いている〝ワタリ熊〟（タビ熊）のことらしい。

ワタリ熊の存在については、各地の腕に自信のある猟師たちが共通して認めるところでもあり、実態は不明ながら、たしかに全国の山々をワタリ歩いているに違いない。どこの伝承でもワタリ熊は八尺という巨体で、月ノ輪は小さく、精悍な顔つきをしていたという証言が残っている。思い出すのは、賢治の『なめとこ山の熊』で小十郎を倒した大熊のことだ。ひょっとして、あの熊も〝ワタリ〟であったのだろうか。

ライフルにスコープ、それにマグナム弾

さて、百宅にはついにマタギはいなくなってしまったが、私はどうしても現代のマタギの話が聞きたくて仕方がなかった。一太郎さんに相談すると、上笹子の上野宅（字）に腕のいいハンターがいるとの由。上野宅は一太郎さんの奥さんの洋子さんの実家がある集落で、そこに住む小沼直義さんが噂の狩人だという。何はさておき、一太郎さんに伴われて直義さんに会いに行くと、玄関先に顔を出したのは見るからに精悍で、若々しい偉丈夫だった。

「父の代に分家した新しい家ですが、狩猟は祖父が火縄銃ではじめたのが最初です。昔は部落の男たちはみな猟に出たそうです。ただし、熊は遠くに行かないと捕れなかったため、里近くで兎や山鳥を狙うしかなかった。平成二年にオヤジが鉄砲をやめたので、オレがそれを引き継ぐ格好で猟をやるようになりました」

「猟友会（由利連合猟友会）に入って十年たった平成十二年にライフルの免許をとりました。部落には熊友会《ゆうゆう》という狩猟のグループがあり、オレもそこのメンバーになっています。会員は十名で、グループでも猟をやりますが、熊猟は一人で行くほうが多いですね。猟師の数が減った分、熊は明らかにふえています。去年は猟期の三カ月（11／15～2／15）で、会として九頭の熊を捕りました」

小沼直義さん

直義さんの話は理路整然としていて、ハンティングの腕もおのずと高いだろうことを、私はすぐに嗅ぎとっていた。熊友会は二十代から七十代のメンバーからなり、獲物の解体もすべて会の仲間たちで協力してやっているという。

「弔い（呪文）は父が猟をやめるとき、オレに伝授してくれました。半紙に書いて渡してくれました。人に教えると有り難みが薄れるといい、オレにだけこっそり教えてくれたんです。弔いは、二足や四足の生き物に対する引導渡しからはじまり、血止め、雪崩れ止め、そして歯痛止めまで、あらゆることをカバーしています。だいたい『ナムソウライ』からはじまります」

山神の軸（直義さん宅）

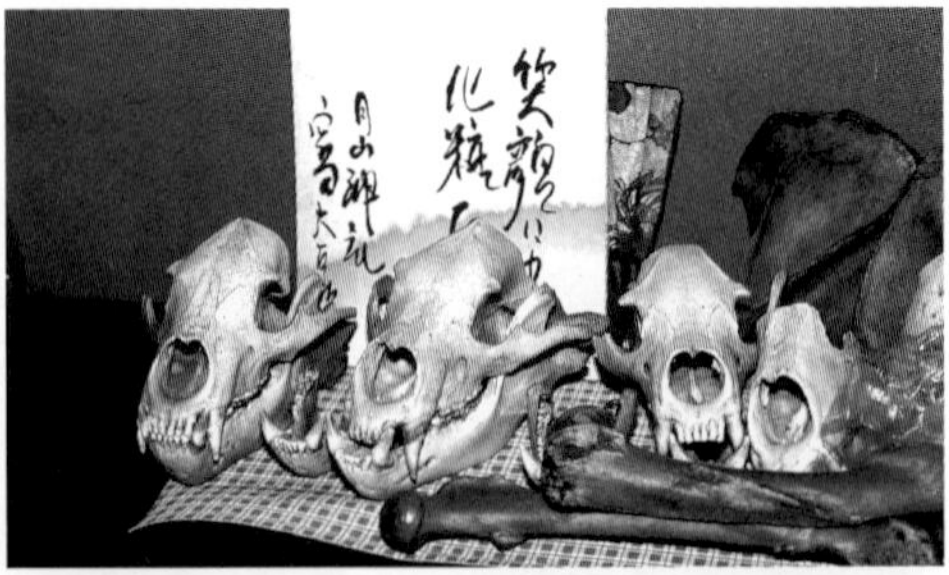

右上：床の間に飾られた熊の頭がい骨（直義さん宅）
右下：直義さんの道具（ナイフ）

山の神の授かりもの

鳥海町猟友会　小沼 直義

今年も各地で熊の出没が相次いでいる。我が鳥海町には、あまり類のない熊射ち集団がいます。鳥海山の山麓に恵まれ日々山野を駆け巡り実績を上げ、狩猟期間はもちろん有害駆除でも実績を上げております。

私の先輩で一本撃つごとに弔いをし、一頭授かるごとに弔いをする人がいます。今は銃も昔より性能がよくなり、スコープに入れば熊はひとたまりもありません。山の神の授かりものです。山の神に感謝しなければなりません。ただおもしろ半分で撃っているのではありません。このような伝統を守って狩猟していることは、すばらしい供養だと思います。

私の独り言ですが、熊は確実に増えています。このまま増加すれば人的被害、農作物の被害を思うと、熊の保護か人間の保護を考えるべきではないでしょうか。『猟友あきた』（2004年10月発行・第43号）

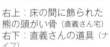

私は呪文が直義さんたちの狩猟の中でいまだ役割を担っていることを知って、少なからず感動をおぼえていた。私は拙著『のさらん福は願い申さん』の中に、次のようなことを書いている。

狩猟文化は、鉄砲を取り上げられた（所持規制の強化）から廃れるのではなく、狩人が祭り（祀り）の仕来り（式例作法）を打ち捨てたからこそ、滅んだのである。今後も、狩りを祭り事（神事）と捉えられない限り、狩猟文化の復活は望めない。

鳥海マタギの伝統を守り、引き継ぐためにも、直義さんにはぜひ式例作法（弔い）を大事にし、仲間とともに狩猟文化の維持・継承に努めていただきたい。そう遠くない将来、百宅は間違いなくかつての栄光もろとも湖底に沈むだろう。それは、その地が育んできた狩猟文化をふくむすべての文化・伝統の消滅を意味する。直義さんたちが上笹子でそうした文化のいくらかでも伝承できるなら、消えゆく百宅に対するこの上ない餞《はなむけ》になるはずだ。文字どおり〝弔い〟といっていいだろう。

それはさておき、直義さんの話の中でもっとも私が驚いたのは、現代の狩猟（熊猟）そのものだった。私にとっての熊猟は、春に熊が冬眠している穴を見つけ、そこから親熊を追いたてて銃で撃つという、春の猟のイメージが強かった。しかし、直義さんの話はそんなのんびりした（?）穴猟の図を、根底からくつがえすものだった。

「免許をとるのは難しいですが、ライフルがあればより確実に熊が捕れるので、最近は所持者がふえる傾向にあります。全体としては狩猟免許をとる人間が漸減しているというのに、ライフルだけはふえているんです」

「ライフルの実弾は最長四キロとびます。千メートル以内なら少しも落下することなく、直っすぐにとび、なおかつ殺傷能力を保ちます。スコープをつけて、ウルトラマグナム弾を用いれば、五百メートル以内の獲物は百発百中です。猟師の腕の問題は度外視してですが……。だから、熊の胸から上を狙って、確実に射止めることができます」

そうして心臓を射貫かれた熊は、それでも五十メートルくらいは走って逃げるという。逆に、人間に向かって突進してきた場合、アッという間に抱きつかれて、一巻の終わりだそうだ。もちろん、一キロ先で射止めれば、熊に抱きつかれる心配もないわけだが……。

ここまで直義さんの話を聞いてきて、熊猟はひとりで行くことが多いワケがわかる気がした。昔ならカンジキをはいて、一日がかりで歩いてたどりついた鳥海山も、スノーモビルなら上笹子からでも一時間半ていどで到達できる。あとは物陰にひそんで、冬眠前の熊が見晴らしのいい斜面に出没するのを待てばいいだけのことである。

遠くに熊が動くのを見つけたら、あとはおもむろにスコープをつけ、マグナム弾を銃にこめ、熊にまったく悟られることなく銃の引き金をひく——。それが一キロ先の熊であろうが、アバラ（肋骨）を外さなければ、間違いなく心臓を射貫くことができるのだ。これが現代のマタギの狩猟スタイルなのである。何もグループで巻狩りをする必要もないわけだ。むしろ、ひとりで出かけたほうが熊に感づかれる確率も低く、その分熊を射止める可能性は高くなるに違いない。

　こうして、戦後、百宅の集落の様態が激変したように、狩猟の作法もまったく別次元のものになってしまった。思い出すのは、『山立根本之巻』で弓の名手・万三郎が弓で赤木明神の両眼を射抜く場面だ。私には、あの白木の弓が直義さんのライフル（とマグナム弾）に重なって仕方がないのである。万三郎はそののち、日光権限により日光山の麓に大明神（山の神）として奉祝されるわけだが、すれば直義さんは現代の山神に喩《たと》えられるのかもしれない。いずれにしても、直義さんと熊友会の仲間には、狩りが祭り事（神事）であることをゆめゆめ忘れないでほしいのである。

第十章　峠を下ると忽然とあらわれた桃源郷

微生物牛舎で特許申請

百宅に残された時間は、刻一刻と短くなってきた。ダムの本格測量がはじまり、いずれ重機の槌音も響き始めることだろう。そんな半ば工事現場と化した山間の集落で、ただ一戸だけ超然と生産を守り通している家がある。一太郎さんの「太郎牧場」である。太郎牧場には（村で）唯一後継者（拓史クン）がいるばかりでなく、牛の繁殖農家として秋田県内でもトップにランクされている優良農家なのである。だから、けして若くはない（村では若手）一太郎さんが百宅町内会の会長を任じ、またダムの地権者会の代表を務めることになったのは、むしろ自然な成り行きだった。

前にも書いたが、最盛期の百宅には百戸近くの戸数があり、それが高度成長の時代を迎えると、山村本来の暮らしが成り立たなくなる。家を、村を守るために、男たちはこぞって出稼ぎに出る。

「私も毎年、田圃の作業が終わると出稼ぎに出てゆくオヤジの背中を見て育ちました。父に会えるのは盆と正月だけ。何とかして出稼ぎに出なくてもいい百姓になりたい……。そんな思いを、中学校の作文にも書きました。そこに私の農業の原点があります」

太郎牧場遠景

地元の中学を卒業したあと、森吉《もりよし》（北秋田市）の伝習農場で畜産の基礎を学んだ一太郎さんは、わずか百七十アールの農地と馬一頭の元手から農業人生のスタートを切る。一太郎さんは四人兄弟の長男であったが、当時は手代沢国有林の伐採の仕事があり、そこで働く家族が山に住みついていたこともあって、山の小学校（百宅小学校）にもかかわらず二百人からの子どもが学んでいたという。一学年に三十六人もいる百宅小学校の絶頂期だった。しかし、山の木を伐りつくした途端、波が引くように、山師とその家族は山を下り、下界に散っていった。

そんな絶頂期のあと、昭和五十年春に百宅小学校に赴任してきたのが、新任教師の工藤ミネ子さんだった。五十三年までの三年間、学校にほど近い職員住宅を借りて教鞭をとった。

「百宅の歴史や民俗を熱心に調べていた阿部徳四郎先生が、ちょうど教頭をなさっていた時代でした。

牛舎の拓史さん

一太郎さんと洋子さん

あのころはまだ、百宅にも八十世帯くらい住んでいて、子どもの数が激減したとはいえ、まだまだ小学校は健在（廃校は昭和五十九年三月）でした」

「学校の近くの道を、猟師たちが兎を二、三羽抱えて通りすぎる光景は、日常茶飯のものでした。村民がみな、当時でも落人としてのプライドをもっているような土地柄でしたね。後年、町の中心の川内の小学校に勤務したとき、そのハイカラさとは対照的な百宅の質実、清貧な生活態度が思い出され、無性になつかしく感じられました」

こう、工藤さんは往時を振り返る。純朴な百宅の子どもたちと、そこに繰り広げられる住民の誇り高く、孤高の暮らしぶり……それが若い新任教師の胸を打ったのだ。奇しくも、工藤さんは教師としてのキャリア最初期に、百宅の風土の中で貴重な体験を積んだことになる。その最末期には校長職にまでのぼり詰めた工藤さんだが、教職の経験の積みはじめに百宅で三年すごしたことは、とても意味深く、ラッキーであったと言っていい。それは工藤さん自身が認めるところであり、その後の教員生活に有形・無形の影響を及ぼしたであろうことは、想像にかたくない。

さて、ふたたび一太郎さんの農業人生のスタート地点にもどろう。

「最初は養豚からはじめました。でも、百宅は冬には絶海の孤島となり、育てた豚を出荷できないことがわかったんです。早々に頓座してしまい、私も昭和四十五～六年にかけては、関東に出稼ぎに出ました。これではいけないと、豊富な粗飼料を生かした牛の繁殖・肥育に転換したんです」

と、一太郎さん。今や牛の繁殖農家として全国区の知名度をもつ太郎牧場だが、その繁栄の礎を築くにあたっては、三つの大きな契機に恵まれた。最初は〝微生物牛舎〟（土間牛舎）との出遭いだった。いったい何のこと、と読者諸兄は首をひねるかもしれない。私もはじめてこの言葉を聞いたとき、どんな牛舎なのか、容易に想像できなかった。

「牛舎に棲みついている微生物が、勝手に牛の糞や尿を分解してくれて、牛舎の床（土間）は掃除をしなくても常に清潔で、ホッコリと温かさが保たれている。牛にとっても快適な牛舎で、かつ環境（地下水）を汚すこともありません」

と、一太郎さんは胸を張る。そういえば、微生物牛舎で飼育されている牛たちは、そうでない牛舎で飼われている牛に比べ、顔が柔和で、動きもおっとりしている。さらに、床の温かさが心地よいのか、腹ばいになって目をウットリさせている牛も少なくない。じっさいに床を手でさわってみると、フカフカでホッカリとした温かさが掌に伝わってくる。「ウチの堆肥は乾くと、牛が喜んで食べるんですよ」と、息子の卓史クンがフォローする。

では、一太郎さんが微生物牛舎を導入するキッカケは何だったのだろうか。

「平成八年に、同牛舎産みの親・渡辺光雄さんの講演会が隣の山形県であったとき、ボクはただひとり秋田県から参加したんです。家畜排泄物処理法が話題になる時代で、畜産をとり巻く環境は寒々としたものだった。でも、渡辺さんの話をきいたとき、『こういうのもあるんだナ』とびっくり仰天したことをおぼえています」

「そのあとすぐ、由利の振興局の人と神奈川（藤沢市）の渡辺さんの牧場をたずねていきました。県の畜産課長も興味をもってくれて、『やってみればいいじゃないか。もし、失敗したら地下にコンクリートを打てばいい』と、励ましてくれる。人脈といえば大袈裟になりますが、あのときは周りに素晴らしい人たちが集まっていて、みんながボクの背中を押してくれた」

一太郎さんは「ひとりくらい渡辺さんにも子分がいてもいい」と勝手に考え、三年間渡辺牧場に通い続けた（押しかけた）。しかし、土間牛舎はそうかんたんに軌道にはのってくれなかった。試行

ホウセン菌

錯誤の連続だった。ようやく三年を過ぎたころに目途が立ち、一太郎さんは渡辺さんにすすめられるままに、土間牛舎の特許申請をする。渡辺さんが住む神奈川県では認められなかったため、一太郎さんが代わりに秋田県から申請を試みることにしたのだった。

「認可が出た途端、やっぱり農水（省）から横槍が入りましてね。彼らは糞尿（硝酸態窒素）の地下浸透を心配してたんです。『発酵してるから地下浸透はない』といくら説明してもダメ。結局、三年間調査を続けて、やっと正式にＯＫをもらいました」（畜舎特許第４２９７９２７号）

このあたりをもう少し詳しく、息子の拓史クンに説明してもらうと――。

「理科の最低限の知識があれば、糞尿が地下に浸透しないことは、子どもでもわかることなんです。屋根のある建物（この場合牛舎）で、地表（床）が乾燥状態にあれば、（排泄物の）水分は木管現象で常に地表にわき上がろうとする。農水が心配したような地下浸透は、ぜったいにおこり得ないんです」

じつに説得力ある説明ではないか。微生物の主役はホウセン菌という菌だそうで、これにはいろいろな種類（ビフィズス菌もその仲間）があり、これをうまくコントロールし、そこの環境に合った菌を増殖させることで、糞尿の分解をすすめ、なおかつ牛舎に悪玉菌がふえるのを抑えることができるのだという。ただ、土間牛舎を（牛にとって）快適に保つためには、日ごろロータリーでの土間の撹拌が欠かせないらしい。

「冬は気温が低いので、切り返しの回数をふやしてやる必要があります。牛もフワーッと温かい床が好きなんです。ホウセン菌は表面に近いところで好気発酵をします。中心部には嫌気発酵する菌が棲みついています。もっとも熱くなるときには、（床の）内部の温度が六十五度にもなるので、この熱を何かに利用できないかと現在思案中です」

と、拓史クン。一昨年の春からは、土間牛舎の堆肥の販売にすでに成功している。無臭で、しかも肥料成分が格段に強いため、そのまま野菜等の植物に与えると、立ち枯れてしまうという。この先、熱の利用方法などが見つかれば、微生物牛舎の可能性はさらに大きく広がることになる。こうして、平成二十六年の春には、微生物牛舎は一太郎さんの手を離れ、息子の拓史クンに完全に任せられている。

〝あきたこまち〟を丸ごとサイレージ

太郎牧場が盤石の態勢をつくる二つ目の契機は、牛の飼料としてホールクロップのサイレージを導入したことだった。ホールクロップに使う材料は何とあの銘柄米の〝あきたこまち〟で、それを丸々ラッピングしてサイレージにするのである。

「平成十三年のことでした。転作がすすめられた時期で、ボクはもともと草刈り機で青い稲を刈って、牛に食べさせていたんです。これを進めて、牛の飼料の中心をホールクロップに置きかえたらどうだろう、と考えた。耕畜連携も視野に入れていました。すぐラッピングのための機械をヤン

上：洋子さんのエサやり作業
左上：拓史さんと義兄
左下：牛舎

マーと一緒に試作し、三台導入（五〇パーセントの補助）しました。一方で、〈飼料稲生産利用組合〉を立ち上げると、町（当時はまだ鳥海町）の牛の組合もすぐ手を挙げてくれましてね……」

一太郎さんがこう当時を振りかえる。思い切って最初の年（つまり十三年）に田圃を一〇〇パーセント飼料米に切りかえると、周囲からは「一太郎は気が狂った」「あの罰当たりめ！」「釜消し」といった批判の集中砲火を浴びた。しかし、もとより勝算のあった一太郎さんは、いくら批難されてもまったく意に介さなかった。五年目には組合から独立し、千五百万円の新しい機械を購入する。同時に百宅粗飼料利用組合を設立し、飼料米で育てた牛肉の商標登録（あきたこまち和牛／第４７７３５２４号）も済ませた。ホールクロップ用の機械は「自走式ホールクロップ収穫機」と「自走式ラップマシーン」がセットになったもので、減価償却がそろそろ済む七年後には、また五〇パーセントの補助を使って新しいセットに交換した。

「結局、最終的にホールクロップを五十五町歩までふやしました。うち、百宅管内が二十五町歩で、自家の分が九町歩。それに、百宅以外の地区の田圃が合計三十町歩で、こちらはすべて作業受託という形をとっています。つまり、一反当たり二万五千円で稲の刈り取り・ラッピングを請け負うわけです。サイレージの売買は、ワンラップ当たり〝大〟(二百七十キロ入り)が千五百円、〝小〟(旧型)が千二百円と決めてあります」

「最近は、年齢もあって、一人で五十五町歩をこなすのが、少しシンドクなりました。息子からも『少しやりすぎでは。徐々に減らしたほうがいい』と諭されています。とりあえず、町外の作業受託から減らしてゆくつもりです」

刈り取りとラッピングだけならまだしも、サイレージの大変なところは、食糧稲と同様、最初に春の田植えからスタートし、六月いっぱいくらいは水管理も必要な点だ。飼料の自給という意味では、ホールクロップのサイレージはとても意義深い試みなのだが、けして楽な仕事ではないのである。田圃周りの除草作業もセットでこなさなければならず、牛舎を見つつ一方で除草作業を受けもつ洋子さん(奥さん)の負担も、一太郎さんの仕事量に負けず劣らず、大きなものがある。夫婦で倒れたら元も子もないわけで、この際、息子の拓史クンの忠告を真剣に受けとめるべきだと思うが、ふたりに本気で考えるつもりはあるのだろうか。

新しい畜産のカタチを実践

太郎牧場繁栄の基礎を築く契機の三つ目は、これこそ最大にして、もっとも重要なファクターといえるものだが、それが息子・拓史クンの就農である。拓史クンは平成二十五年に十七年振りに帰郷を果たし、就農するわけだが、その前史を少し説明しておく必要があろう。昭和五十五年に地元（直根）の中学を卒業した拓史クンは、秋田市の金足農業高校の農業科（畜産専攻）に進み、バレーボール部に所属する。十五歳にして早くも親元をはなれ、寮生活に入ったことになる。

大学はさらに遠い北海道の酪農学園大学に進学し、家畜の飼料、その中でもサイレージをテーマとする研究室に在籍した。わざわざサイレージを選んだ背景には、父・一太郎さんの影響があったのだろうか。クラブ活動はバレーボールから一転して、アメリカンフットボール部を選んだ。その理由が面白い。

「アメリカ国民がなぜあれだけアメフトに熱狂するのか、それを知りたいという興味がひとつ。もうひとつは、大学でしかできないことをやりたい、という思いから。考えてみれば、教職課程を受けたのも、まったく同じ発想からなんです」

そう、拓史クンの発想はとても実利的というか、地に足のついた考え方をする点に特徴がある。それは現在の牛の繁殖にも生かされていて、父のあとを継いだ土間牛舎の管理にしても、じつに緻密で合理にもとづいた気配りをしている。それはさておき、大学を卒業した拓史クンは、当初の計画（？）にもとづいて、高校の農業科の教師として美幌町（網走郡）の美幌農業高校に赴任する。学校では写真部の顧問を受けもち、経済力の重要性を生徒に教えるため、二十頭の乳牛を飼って、生徒に世話を担当させた。

「教師のかたわら、飼育農家のようなこともやっていましたから、平成二十五年に実家にもどることに関しては、何の抵抗もありませんでした。両親の体力も少しずつ落ちてきていたし、現場で実践を積むとしたら、年齢的にもそろそろもどったほうがいい、と考えたわけです」

「親（一太郎さん）が築いてくれた基礎はありましたが、具体的な管理・飼育のやり方は大幅に変更しました。そのために二年を費やしましたが、いい方向性が打ち出せたと自負しています。今、改めてこんな面白い世界（仕事）はないと、自信をもって言うことができます」

一方、一太郎さんも拓史クンのやり方を黙って観察してきて、わずか一年で早くも御墨付を与えるとともに、土間牛舎の管理を完全に拓史クンに任せることにしたのである。

「餌のコストを落としても、牛は逆にどんどんよくなっている。本人も相当自信をつけたと思う。市場も拓史のペースになってきたし、こっちが口出しすることは何もない。私の役割はサイレージづくりだけになって、だいぶ楽をさせてもらっているよ」

これが一太郎さんの拓史クンに対する偽らざる評価だ。ここに市場の話が出てきたが、これはあきた総合家畜市場㈱のことで、由利本荘市内大谷にあって、珍しい木造の建物が目を引く。かつては県内に四つあった市場を、五年前に由利本荘に統合したものだという。市場が開設されるのは毎月第二火曜日と決まっており、毎回平均して四百頭（主に子牛）ぐらいが運ばれてくる。子牛は十二カ月未満と定義されていて、私が市場に同行した平成二十七年八月四日には、太郎牧場からも洋子さんが管理する牛舎（土間牛舎ではない）から、一頭の子牛が出荷された。

一太郎さんが指摘するとおり、市場での拓史クンの存在感はなるほど際立っていた。家では寡黙な男が、仲間が集まる市場では誰彼となく挨拶を交わし、近況を語り合っている。じっさいに市場に足を運んで驚いたのは、拓史クンはもとより、若い後継者が思いのほか多かったことだ。牛の飼育といえば宮崎、長崎、兵庫、岐阜といった地名がのぼるが、どっこいみちのく秋田も後継者対策に抜かりはないとみえる。

市場で思わぬ人を一太郎さんから紹介された。県畜産試験場の総務企画室室長、酒出淳一さんだった。平成八年、一太郎さんが土間牛舎の渡辺さんに出遭った際、藤沢（神奈川）まで現物（牛

セリの前入念に牛の手入れをする拓史さん

セリの日、知り合いの家の牛も一緒に運ぶ

舎）を見に行く一太郎さんに同行してくれた、その本人である。当時、酒出さんは由利の振興局に勤めていて、すでに一太郎さんの行動には一目も、二目もおいていたらしい。

「一太郎さんに神奈川まで土間牛舎の実物を見に行こうよ、と誘われたんです。じっさいに見て、納得できました。屋根つきの牛舎では、ロータリーをかけることにより土の中に空気が入り微生物が活性化し、糞の分解が促進されるんです。でもその分解過程のデータを提供できなかったので、神奈川では渡辺さんは特許をとれなかったのではないでしょうか？」

「土間牛舎では堆肥が微生物の餌となる。ここに環境問題を解決する糸口がある。これにパイプハウスの低コスト畜舎を組み合わせればベストです。土壌細菌を生かすことを考えれば、ローコストとの折り合いがつくんです」

一太郎さんにとって、酒出さんは何と力強い味方なのだろう。佐藤家の取材をしていると、至る所にこうしたサポーター、またファンがいて、改めて一太郎さんの人間的魅力・器の大きさといったものに気づかされる。

「稲ホールクロップサイレージ（以下稲ＷＣＳ）のときも、平成十三年に地域の人達と県に稲ＷＣＳ収穫機導入の陳情書を持参したかと思うと、その翌年にはもう予算がついていた。その上、三年で稲ＷＣＳの収穫作業を儲かるレベルにもっていってしまった。由利の沿岸部までにアッというまに収穫面積を広げ、だいたい目途がついたと判断するとサッと独立する」

「あの人は絶えず挑戦し続ける人なんです。そして、けしてめげない。だから、応援する人が

セリ会場での
拓史くん

一太郎さんの次
女の美幸ちゃん
と孫（セリの会
場にて）

セリ落とされた太郎牧場の子牛

次々と出てくる。最近、息子さんの拓史クンの評価も鰻上りですが、父親をこえるには相当の努力がいるでしょう。どんなリーダーになるか、今から本当に楽しみです。一太郎さんにもまだまだ頑張ってもらわないと困りますが……」

拓史クンへの期待を込めて、酒出さんは一太郎さん親子をこう評した。インタビューを終えて、競りの会場にもどると、ちょうど太郎牧場の子牛が競り落とされるところだった。価格は六十四万五千円、三重の全農が買手だった。「いい値だと思う。松阪牛に育てられるのかな？」とは、一太郎さんの感想。次回の競りには、さらにいい子牛が太郎牧場から出荷されるらしい。畜産は片時も家畜から目を離せない手のかかる仕事だが、それも市場での競りの一瞬に報われることになるのだろう。競りの進行と固唾をのんで見守る生産者たちの姿を見て、私はそう確信した。

「東北最後の秘境だった」

さて、公私にわたり、今後の飛躍のために欠かせない存在となった拓史クンだが、牛の繁殖をふくめた畜産の将来、またふる里に残された短い時間について、どんな考えをもっているのだろうか。この二点は、今回太郎牧場と裏鳥海に通いはじめるときから、絶えず気になって仕方がなかった。

「アメリカが脱退したことで、ＴＰＰ（環太平洋経済連携協定）の先行きが見えにくくなったけど、仮に残りの国で条約を締結しても、牛肉に関しては、和牛はぜったい負けないですね。まだまだいくらでも輸出できる。和牛ブランドは手作業で繊細、外国人にはとても真似ができない。企業的には生産できない肉なんです。だから相場がくずれない。小さなブランドだけに、個性も出る」

セリの順番を待つ間、情報交換をする拓史くん

だからこそ、「一生懸命やれば評価される職業」なのだという。一方で、拓史クンは小さなブランドの価値を認めつつ、まだまだ規模拡大

の余地はある、ともいう。

「親牛を二百頭もち、毎月最低限十頭の子牛を産ませる。そして、先行投資の意味で、若いタネを切らさない。何が当たるかわからないから、常に新しい血統に目配りを欠かさない、ということです。情報が漏れ出ていないもの（系統）も、ひろい集めるくらいの熱意が必要なんです」

「田舎なら、ひと月二十万あれば十分暮らせる。規模を少し大きくすれば雇用を生むこともできる。あとは経営センスの問題だけ。ボクはポジティブシンキングだから、今の課題もわかっている。これまでは家族経営に走りすぎた。これからは仲間と共存、協同するスタイルへの変換がポイントになると思う」

畜産の素人である筆者が聞いても、拓史クンの言っていることはすべて図星をさしている気がする。このあとまだ、拓史クンの熱い気持の吐露が続いた。

「農業もひとつの産業であるからには、基本的には補助金なしでやってゆくのが理想だと思う。それとともに、農業（農産物）にはPL法（製造物責任法）がないのが悲しい。農家は被害者に対して何ら説明の責任がなく、説明する力量もない。TPPにしたところで、まず農家がしっかりした力をつければ何も恐れるに足りない、とボクは思っているんです」

本人は気づいていないだろうが、こうしたシャープで豊かな発想ができるのも、父親である一太郎さんの血を引いているからこそであると思って、間違いない。この夏には結婚式も挙げ、拓史クンはいよいよ太郎牧場の新しい顔になりつつある。では、そんな非の打ちどころのない後継者である拓史クンは、実家が、牧場（牛舎）が、そしてふる里がダムに沈む現実に対しては、どんな感慨をいだいているのだろうか。

「ボクは仕事をする場所にはこだわらない。県外でもいいし、北海道にわたって三百頭飼うのもいいと思っている。ボクはすべて経済から発想する人間なんで、理想的〝風景〟は描かないことにしているんです。牛飼いの幸せは、周辺の景観が秀でていることよりも、たとえば補助（金）などの経営面の条件がいいところにあると思う」

と言いいつつ、拓史クンは百パーセント経済で気持が割り切れてもいないようだ。それは、次のような発言から酌むことができる。

「ふる里がなくなることは、やはり大きな意味があるのだと思う。ダムでなくともここを離れるとなれば、父がつくってくれた事業の基盤はいったん失われることになるでしょう。他の係争地と背景が違うのは、百宅には子ども（若者）がいなかった。今でも、ボク以外に十人くらいの若手が残っていたら、何か別の展開があったかもしれない。でも、ここまできたら、年とった親たちは『（ダム問題に）もう誰も手を出してほしくない』と思っているに違いないんです」

何も文句を言わない代わりに、一刻も早く補償がほしい、と。そうなのだ、この国では戦後の高度経済成長を経験し、またそのあとのバブルや低成長の時代を生き抜く中で、ふる里の概念を根底から変えてしまったのだ。百宅に生活の基盤を失くした高齢者たちは、短い夏を百宅で過ごすことはあっても、厳しい冬から逃れられるセカンドハウス（息子の家のこともある）が町場にちゃんと確保してあって、もはや深い雪との闘いを強いられることはない。ふる里を離れる時間が長くなった分、それだけふる里への愛情は薄れるのが、自然の道理というものだ。

だが、佐藤家だけは現在も生活の基盤は百宅にあり、牛の繁殖という生業を日々力強く営んでいる。拓史クンは、いい条件で事業を回すことができれば、生活する場所はどこでもかまわないと言いきるが、それを単純に本音と受けとっていいものか。『ふる里がなくなることは、やはり大きな意味がある』とみずからも言っているように、どこか割り切れないものを感じているに違いないのだ。無用なダムのせいで、生活の基盤もろとも、強制的にすべてを奪い取られるわけで、これほど理不尽なことがまかり通っていいわけはない。


それかあらぬか、父親の一太郎さんは一昨年、三人の仲間と〈鳥海ダムを語る会〉を立ち上げた。遅きに失した感はなきにしもあらずだが、さすが行動派の一太郎さんらしい気がする。

「現状では、もうダムの建設を阻止することは現実的ではない。だとしたら、これを逆手にとって、ダムに沈むふる里を改めてＰＲする手を考えたらいいじゃないか、と思いついたんです。で、賛同してくれた三人の方々と一緒に会をおこしたわけです」

と、一太郎さん。メンバーの最年長は百宅出身で、現在は由利本荘市内に住む佐藤眞喜雄さん。昭和十八年生まれの七十四歳。

「目の病気をもっていたので、その治療のこともあって、中学一年生の途中には百宅を出なくて

「鳥海ダムを語る会」の集まり

はなりませんでした。家は裕福でしたが、五人兄弟の長男で、子守りしながら家事をこなすというのが日課でした。夏には空川になる百宅川でヤスを使って魚を捕るぐらいで、楽しい思い出はほとんどありません」

「でもふる里を離れて六十年、今になってみるとすべてがなつかしく、価値あるものに見えてくるから不思議です。川鱒が川幅いっぱいにのぼった子吉川、ブナ巨木が生い茂っていた周辺の森、今よりも倍以上降った冬の大雪、京言葉を思わせる独特の村内の日常会話……あんな土地はどこにもなかったし、東北最後の秘境だった」

眞喜雄さんはこう、百宅に対する熱い思いを吐露する。では、ダムに沈む前の残された時間に、会として何ができるのか。眞喜雄さんの答えはシンプルだった。

「写真をふくめて、できるだけ詳細に百宅の歴史を拾いあげる……基本的にそれだけだと考えます。あとは国側に法体の滝近くにハコモノ（資料館）と、そこへ至る取り付け道路をつくらせて、一般客に見てもらうといったところでしょうか」

集める歴史資料の内容にもよるが、たったこれだけでふる里は永遠の記憶をとどめることになるのだろうか。私にはとても、そうは思われない。逆手にとったところで、その瞬間にふる里の記憶は生気を失い、死体《しにたい》と化してしまうのではなかろうか。だからこそ、ふる里は簡単に他者に売り渡してはいけないのだ。つましくとも、老若男女が力を合わせて、地に足をつけて暮らせる生活を手放してはいけないのだ。

筆者とて、この国ではそのような当たり前で、穏やかな暮らしが成り立たないことぐらい、とうに承知している。だが、そうした暮らしができないからといって、てんから諦めて放っておいていい理由には、まったくならない。それは先般、アメリカがパリ協定から勝手に離脱して、深刻な環境問題に知らぬ振りを決めこみ、自国の利益だけを追求しようとする態度と、何ら変わりはない。ダムは改めて暮らしの敵、地域の文化・伝統の最悪の敵と知るべきなのだ。

生の充実が味わえるこの里の支援が誇り

最後にその証拠の資料を読者諸兄にお見せして、裏鳥海の「奇蹟」の物語のまとめにしたいと思う。この資料はあるとき元町長の佐藤源一さんからコピーをいただいたもので、元は『月曜論壇』という新聞記事の連載らしく、原稿末尾に〈一九八八・三・二一〉の日付が入っているところから、今から三十年ほど前に掲載されたものであることがわかる。まずは百宅に関係する部分を引用する。少し長くなるが、素晴らしい一節なので、途中を略することなく紹介したい。

〈前略〉偶然ある日、一冊の古本と出会った。その小冊子は読売新聞社が《お国自慢》と銘打って、全国から募集した原稿の傑作選であった。日本列島津々浦々からの応募九百篇の中から九十篇が厳選されて、毎日一篇ずつ三カ月にわたって紙面を飾ったという。明治四十四年の出来事である。

このころの秋田県は乾田馬耕の時代であった。この年、横手・増田に電灯がともり、河辺に電話が通じ、船川に港が築かれ、秋田に水道が敷かれた。秋田鉱専が開校し、日赤病院が建ちはじめた。金浦の白瀬中尉が、南極に到達したのはその翌年である。

現在の百宅は、五十八世帯・二百二十四人の部落であるが、明治初期は四十六戸・二百八十四人に馬六十七頭の寒村であった。時の県令（知事）石田英吉は、政府にこう報告している。

「東西北は重畳たる峰々を負い、西は鳥海そびえ立ち、四季白雪を頂く。山脈周囲して渓間わずかに四畝あり、積雪五月に至りて消えず、十一月既に雪降る故に寒冷の気候早く至れば殻上らず、鳥海川百宅川ありといえども石高くして木材下すべからず。運輸極めて不便、大樹自ら倒れて朽腐すれども他に搬出するを得ず」と。

地の果てのようなこの村から一人の女性が《お国自慢》の原稿を送った。ランプの明かりで筆を執ったに違いない。そして見事に入選した。氏名年齢は書いていない。ただ「羽後矢島・百宅の女」としてあるだけだ。私は早速新聞社に問い合わせたが、調べようがないと言う。無理もない

石船峠

話だ、なにせ明治のことだから。

入選作は「山柴水明」と題してある。百宅の女が自分で付けたものだろう。

「私達は唯今日を喜ぶもので御座います。小野小町の後裔であることなどは誇るに足りません。唯何不足なく活きて、生と言うものの充実を味わうようにして呉れたこの里の自然が誇りでございます。鳥海山の瑠璃色の勝った青きが上に、白雪と白百合が銀のように光って居ります。子吉川の流れはサラサーテのメロディーよりも柔らかに響いて近くには瀑布もあり、断崖もある。ホヽ、お恥かしながら朝夕この岩窟を見ては『死の勝利』のイポリタを思い、印象の鋭いターナーの絵を思います。鴈治郎や呂昇を得て芸術の発達だと思うお方に、一寸四方の空気でも好いから贈物にしたいのですよ。どなたでもお出で遊ばせ、そうすれば村はずれまで色の白い方の妹を迎えに上げます。」

この珠玉の短篇には思想がある。伏目がち人生観ものぞいている。そして「色の白い方の妹……」と結んで、ほのかな色気さえにおわす。「百宅の女」は美しい。内に潜む薫り高い教養が、容姿ににじみ出ている人は美しい。

名曲チゴイネルワイゼンを作曲したスペインのバイオリニスト（サラサーテ）も、戦艦テレメールなど輝かしい光と大気を描くイギリスの画家（ターナー）も、紙屋治兵衛が当り役の初代成駒屋（鴈治郎）も、美声美貌の豊竹流女義太夫（呂昇）も、当時の県内では「知る人ぞ知る」文芸的知識だったであろう。まして、イタリアの作家ダヌンチオの長篇小説『死の勝利』を読んでいた人は、まずいなかったのではないか。『死の勝利』の主人公アウリスパは、イポリタの情熱のとりこになり、理性を失い、意志さえも焼き尽くしてしまう。そして最後には《死》のみが女の情熱に勝利すると考え、ついにイポリタを抱いて断崖からアドリア海へ身を投げるのである。

古典的価値のある書のみを収録する岩波文庫が、この作品を採択したのは昭和三十八年だが、イタリア語の原書は明治二十七年に出版された。その一七年後に、百宅の女は既に読んでいた。由利の里にもこんな人が居たのだ……私は現在の羽後でも、女の人の方が「出来る」のじゃないか、と思うことがしばしばある。（傍点筆者）

これを読んで、拙著の読者は百宅の文化的風土の高さに、改めて驚いたのではないだろうか。百宅はそのような土地であり、村の末裔たちは今、こうした土地をむざむざと水没させ、それと引き換えに形ばかりのハコモノを手に入れようとしている。草葉の陰から子孫たちのいとなみを見守る「百宅の女」は、果たしてこのような暴挙を許すだろうか。

ここはもう一度原点に立ちもどり、百宅住民はもとより、旧鳥海町全体で、さらには由利本荘市の市民が一丸となり、ダム建設の是非を問い直すべきだろう。前にも書いたが、西欧の先進国やアメリカでは、すでに四半世紀も前から、ダムは造る時代ではなく壊す時代に入っている。世界の笑い者にならないためにも、また百宅の誇りを後世に継承するためにも、ここは皆で立ち上がるべきではないか。

二十年前、土間牛舎の導入を県職として支えた酒出さんが、はじめて百宅の谷をたずねたときの驚きを、印象深く語っていた。

「石船峠からなだらかな坂道を鳥海山に向かって下ってゆくと、忽然と麗しく、どこか懐かしい風景が目にとび込んできましてね……。月並ですが、それはまさに、桃源郷という言葉でしか言い表せない光景でした。今の時代に、こんな隠れ里のような村が存在するのか、と」

一太郎さんと〈鳥海ダムを語る会〉には申し分けないが、仮にダムができても、いいことはひとつもないだろう。得るものといえば、金の魔力によって人の心は腐り、人間関係がズタズタに裂かれるくらいが関の山だ。これが、全国何十カ所のダムの係争地を歩いてきた私の結論、である。

それに、奇蹟の土地に勝手に手をつけたら、「百宅の女」の怨霊も黙ってはいないだろう。美しい色白の妹とダムの建築現場に夜な夜なあらわれては、目に見えない霊力で建築の進行を押しとどめようとするに違いない。そのときには、鳥海の山神（女神）も見て見ぬふりはしないだろう。私には谷に充満する有象無象の怨霊たちが、「ダムは御法度」を連呼しはじめたのが、はっきりと聞こえる。何がしかの罰当たりの金子《きんす》を得るよりも、生の充実を味わわせてくれる裏鳥海の自然を残す道を探るのが、選ぶべき未来ではなかろうか。

私達は唯今日を喜ぶもので御座います――それが百宅人、否日本人全体の生き方であったはずである。

あとがき

過去何度かの取材で、百宅が北東北に広がるみちのく文化の基点として重要、かつポイントになる山里であることは、ある程度わかっていた。子吉川のダム（鳥海ダム）計画が動き出したことを機に、久しぶりに百宅に足を運んでみて、改めてその感を強くした。と同時に、世界の潮流から外れて、相変わらず無用なダムをつくり続けるこの国の体質に、心底違和感をおぼえた。これには、民度の低さも大いに関係していようが、政治の低劣、品格のなさは、目をおおうばかりだ。

私の地方歩き半世紀の経験からしても、いわば拠点山村ともいうべき民俗豊かで、魅力的な僻遠の村々が近年、次々と姿を消している。その衰退に一貫して拍車をかけているのが、昭和二十年代後半ごろから怒濤の勢いで進められてきたダム建設にほかならない。全国各地の奥山で繰り広げられてきたその光景は、まるで低俗な映画を目の当たりにさせられるような気がしてならない。

ダムの建設は、貴重な民俗の宝庫を永遠に水底に葬ってしまうだけでなく、完成した堰堤を境にして、その上・下流をいやおうなくヘドロの堆積に変容させてしまう。「百宅の女」

が書いたような、生の充実を味わわせてくれる雄大かつ清廉な自然は、瞬く間に消えてしまうだろう。そして、サラサーテのメロディーよりも柔らかな子吉川の流れはその響きをとめ、鱒の遡上を阻止してしまうだろうことも、目に見えている。

今、百宅住民と由利本荘市民は、そうした現実に直面しているのである。ふる里を捨てるのはあなた方の自由だが、それは天に唾するような選択であることも、理解していただきたい。笑い者になるとはいわないが、けして褒められた選択でないことも、知ってほしい。私は鳥海ダムがこのままスンナリ完成するとは思っていない。一太郎さん親子をはじめ、鳥海ダムを語る会のメンバーや源一さん、工藤さん、酒出さん、その他多くの百宅ファンが、必ずやダム建設の〝不条理〟に気づき、新たな行動をおこしてくれると確信している。

海の向こうの大国に、チンケな大統領が誕生する時代である。だからこそ正気が求められるのである。私は天に届かんばかりの無粋なダムの堰堤よりも、ターナー張りの輝かしい光と大気が充満する百宅の里風景を愛する。ダムを前にして、アウリスパのように死をもって勝利することは、けしてしたくない。してもならない。

最後に、今作の取材・執筆にあたっては、先輩かつ大親友である佐藤一太郎さんとそのご家族には、心よりの支援と励ましをいただいた。そして、そのお仲間たちからも同様の協力と応援を仰いだ。ありがたすぎて、感謝の言葉もない。ただし、若いころからダム建設には否定的な態度をとってきた私は、大先輩たちを前にしても、その考えを曲げることができなかった。牛の飼育において、数々の先進的な試みを実践してきた一太郎さんであれば、筆者の思いもきっと理解してくれると信じている。

読者諸兄も一度百宅に足を運び、「百宅の女」が誇りに思うその奇蹟の自然に接していただきたい。色白の美しい妹が、村外れであなたを迎えてくれるか否かは、保証の限りではないが……。

著者略歴

飯田　辰彦（いいだ　たつひこ）

1950（昭和25）年静岡県生まれ。慶応大学文学部卒。ノンフィクション作家。国内・外の風土に根ざしたテーマで、数々の作品を世に送り出している。

著書に『美しき村へ』『あっぱれ！日本のスローフード』（淡交社）、『相撲島』（ハーベスト出版）、『生きている日本のスローフード　宮崎県椎葉村、究極の郷土食』『罠猟師一代　九州日向の森に息づく伝統芸』『輝けるミクロの「野生」日向のニホンミツバチ養蜂録』『メキシコ風来　コロニアル・シティの光と陰』『ラスト・ハンター　片桐邦雄の狩猟人生とその「時代」』『口蹄疫を語り継ぐ　29万頭殺処分の「十字架」』『日本茶の「勘所」　あの“香気”はどこへいった？』『日本茶の「源郷」　すべては“宇治”からはじまった』『日本茶の「未来」　“旨み”の煎茶から“香り”の発酵茶へ』『罠師 片桐邦雄　狩猟の極意と自然の終焉』『有東木の盆　日華事変出征兵士からの手紙』『薬師仏の遙かなる旅路　百済王伝説の山里を「掘る」』『日本茶の「回帰」　大和高原に華開いた千二百年の“茶縁”』『印雑一三一　我、日本茶の「正体」究めたり！』『のさらん福は願い申さん　柳田國男『後狩詞記』を腑分けする』『日本茶の「発生」　最澄に由来する近江茶の一流』『日本茶の「本流」　萎凋の伝統を育む孤高の狭山茶』『常滑の急須　恵みの半島に開花した陶の“華”』（以上、鉱脈社）などがある。

みやざき文庫 126

裏鳥海の「奇蹟」
ダムに沈みゆく山郷の履歴

2018年 1 月11日 初版印刷
2018年 1 月28日 初版発行

編　著　飯田　辰彦

発行者　川口　敦己

発行所　鉱脈社
宮崎市田代町263番地　郵便番号880-8551
電話0985-25-1758

印　刷
製　本　有限会社　鉱脈社